우리 아이 식습관과
엄마의 메뉴 걱정을 한 번에 해결하는

올바른 유아식

올바른 유아식

: 우리 아이 식습관과 엄마의 메뉴 걱정을 한 번에 해결하는

초판 발행 2016년 11월 28일
4쇄 발행 2019년 8월 22일

지은이 배민경, 정재호 / **펴낸이** 김태헌
총괄 임규근 / **책임편집** 권형숙 / **기획** 김희정 / **교정** 노진영, 김지수 / **디자인** 나무나무디자인
영업 문윤식, 조유미 / **마케팅** 박상용, 손희정, 박수미 / **제작** 박성우, 김정우

펴낸곳 한빛라이프 / **주소** 서울시 서대문구 연희로2길 62
전화 02-336-7129 / **팩스** 02-325-6300
등록 2013년 11월 14일 제25100-2017-000059호 / **ISBN** 979-11-85933-51-1 13590

한빛라이프는 한빛미디어(주)의 실용 브랜드로 우리의 일상을 환히 비추는 책을 펴냅니다.

이 책에 대한 의견이나 오탈자 및 잘못된 내용에 대한 수정 정보는 한빛미디어(주)의 홈페이지나 아래 이메일로
알려 주십시오. 잘못된 책은 구입하신 서점에서 교환해 드립니다. 책값은 뒤표지에 표시되어 있습니다.
한빛미디어 홈페이지 www.hanbit.co.kr / **이메일** ask_life@hanbit.co.kr
한빛라이프 페이스북 @hanbitlife / **인스타그램** @hanbit_life

Published by HANBIT Media, Inc. Printed in Korea
Copyright ⓒ 2016 배민경, 정재호 & HANBIT Media, Inc.
이 책의 저작권은 배민경, 정재호와 한빛미디어(주)에 있습니다.
저작권법에 의해 보호를 받는 저작물이므로 무단 복제 및 무단 전재를 금합니다.

지금 하지 않으면 할 수 없는 일이 있습니다.
책으로 펴내고 싶은 아이디어나 원고를 메일(writer@hanbit.co.kr)로 보내 주세요.
한빛라이프는 여러분의 소중한 경험과 지식을 기다리고 있습니다.

우리 아이  식습관과
엄마의 메뉴 걱정을 한 번에 해결하는

올바른 유아식

배민경·정재호 지음

한빛라이프

엄마와 아이 모두가 만족하는
영양만점 한 그릇 식사

아기를 낳아 키우면서 잘 먹는 것만큼 중요한 게 없다는 것을 매 순간 깨닫게 됩니다. 처음에는 수유량에 집착하다 이유식을 시작하게 되고, 이유식 만들기가 익숙해질 즈음 맞닥뜨린 유아식은 엄마에겐 큰 산처럼 느껴집니다. 재료만 달리할 뿐 동일한 조리법으로 이유식을 만들어왔다면 유아식은 완전히 새로운 일에 도전하는 셈이어서 막막하게 느껴지는 게 당연합니다. 거기다 낯선 식감들로 가득한 식사 시간을 흥미롭게 받아들이는 아이가 있는 반면 예민한 아이는 우선 음식을 거부하고 봅니다.

이유식을 잘 먹던 아이가 유아식 단계에 들어서서 갑자기 먹기를 거부하고 까다롭게 굴면 엄마 입장에선 당황스럽고 정성스레 만든 음식이 버려져 마음이 아픕니다. 저 역시 마찬가지였습니다. 같은 식재료라도 다른 방법으로 조리하여 식감이 달라지면 아이가 먹지 않는 통에 참 많이 좌절하고 실망했죠. 그러나 마음을 단단히 먹고 포기할 줄 모르는 에너자이저가 된다면 그 노력에 아이는 응답할 것입니다.

아이가 싫어한다고 해서 두세 번 밥상 위에 올리고는 더 이상 그 식재료를 사용하지 않는 건 옳지 않습니다. 같은 재료라도 밥상 위에서 다른 형태로 여러 번 만나게 해주세요. 아이도 눈으로 천천히 익히고 마주해야 조금씩 마음을 열게 됩니다. 그만큼 엄마의 인내심이 필요한 순간이지요.

그렇다고 만드는 방법이 어려우면 안 되겠지요. 이 책에서 소개하는 한 그릇 음식은 일하는 엄마도 충분히 도전해볼 수 있도록 조리 과정을 단순화시켰습니다. 아이뿐만 아니라 간을 더하면 어른도 맛있게 먹을 수 있는 유아식이 되기를 원했습니다. 온 가족이 같은 음식을 맛있게 먹은 경험 자체가 아이에게 좋은 식사 습관을 만들어주니까요. 이 책에서는 아침, 점심, 저녁, 간식으로 구분하여 메뉴를 소개하고 있지만 강제성은 없으므로 아이의 식성이나 컨디션에 따라 아이가 잘 먹을 수 있는 음식을 제공하는 것이 좋습니다.

이 책의 모든 조리법은 요리를 하는 사람이 아닌, 초보 엄마로서 아이와 함께 유아식에 부딪치고 노력해서 얻은 결실입니다. 물론 전문요리사들이 보기에는 부족한 점이 많겠지만 아이를 키우는 입장에서 엄마와 아이 모두가 만족할 수 있는 한 그릇을 얻기를 희망했습니다. 일하는 엄마에게도, 육아에 지친 엄마에게도 작은 도움이 되길 간절히 바라면서요.

이 책을 쓰는 건 저에게도 도전이었습니다. 작업하는 동안 갑자기 찾아온 둘째 때문에 심적으로나 체력적으로 고된 작업이었습니다. 그래도 첫째 한결이의 밥상만큼은 소홀히 하지 않았고 예민하던 아이는 이제 조금은 먹는 것에 대한 경계를 풀고 음식에 대한 탐닉을 시작했습니다. 지금에 이르기까지 아이의 주치의인 정재호 선생님의 따뜻한 조언이 많은 도움이 되었습니다. 그리고 세상에서 가장 사랑하는 두 아이와 늘 온 힘을 다해 응원해준 남편에게 고맙다는 인사를 전합니다. 또한 입덧과 만삭으로 힘들어하는 딸을 위해 물심양면 도와주신 어머니 추영자 여사의 노고 역시 잊지 않겠습니다.

배민경

평생 건강의 토대를 닦는 유아식

    제 진료실을 찾는 아이 엄마 중 한 분인 배민경 선생님의 책에 의견을 낼 기회가 찾아왔습니다. 이 책의 주 대상은 돌이 지난 두세 돌 정도의, 이유식을 마치고 어른 음식을 그대로 주어도 아무도 뭐라고 하지 않을 때지만 그렇다고 갖은 양념으로 먹이기에는 어딘가 찜찜한 나이의 아이입니다. 더 어릴 때에 비해 타고난 기질에 따라 식욕이나 취향이 더 뚜렷해지고 고집도 늘어 여러 면에서 '일반 지침'을 권하기는 어려운 나이입니다. 그렇다고 육아에는 정답이 없다는 말로 각자 알아서 먹이고 키우시라고 하기에는 소아청소년과 의사로서 책무를 다하지 않은 느낌입니다.

    식욕을 늘리는 것만이 목적이라면 도움이 되는 약제를 찾아 연구하거나 '맛'을 내는 방법을 고민하면 되고, 그저 체중이나 키를 늘리는 게 목적이라면 계산된 수치의 영양과 열량으로 식재료를 갈아 아이에게 약 먹이듯 먹일 수도 있을 것입니다. 그러나 우리는 모두 알고 있습니다. 이는 사람의 아이를 키우는 태도가 아니지요. 아이의 건강에 이로운 식습관이란 건강한 생활 방식을 바탕으로 합니다. 우리가 부모로서 아이에게 전해주어야 할 것은 당장의 영양뿐만이 아니라 평생토록 몸에 밸 건강한 생활 방식입니다. 영양제나 보약 따위에만 기대지 않고 잠과 휴식을 귀하게 여기고 규칙적인 생활과 운동을 일상으로 받아들이는, 입에 맞는 음식을 즐기면서도 몸에 이로운 음식을 외면하지 않는 태도 말이지요. 눈앞의 끼니를 위해 재료를 생산하고 요리한 사람들의 노력을 존경하고, 같이 밥 먹는 이들을 배려하는 품위 있는 식사 태도 말입니다.

물론 언젠가는 배워야 할 일이지만 두세 돌 아이가 벌써 이 모든 것을 갖추길 기대한다면 지나칩니다. 아이에게 이런 것을 언제부터 가르쳐야 할지는 아무도 알려주지 않습니다. 바람직한 대안은 부모가 먼저 건강한 생활 습관을 갖추려고 노력하는 모습을 아이에게 보여주면서 키우는 것입니다. 시간 내어 각 잡고 선 긋고 가르치기보다는 그렇게 지내는 게 자연스러운 것으로 느끼게 하는 거지요. 그러므로 이 책을 읽으면서 아이에게 어떤 것을 어떻게 가르칠 것인가 고민하기보다는 먼저 부모님들 자신의 모습은 어떤지 살펴보기를 권하고 싶습니다. 이를 적용하는 방식이 강박적이어서는 마치 단기간의 체중감량처럼 지속하기 어려울 것입니다. 중요한 것은 올바른 방향으로 일단 한 걸음 내딛는 일이지요. 쉬어가고 헤매더라도 앞으로 나아가겠다는 마음으로 말입니다. 아이들에게는 물론이고 어른인 우리들에게도 마찬가지입니다.

계산된 수치의 영양보다는 자기의 삶을 소중히 여기는 태도로 아이에게 좋은 식습관을 길러주는 것을 목표로 하여 '보편타당'을 찾아 궁리하였습니다. 이제 젖을 떼고 서툴지만 스스로의 의지로 식사 도구를 다루고 편식과 폭식의 날들을 변덕스럽게 반복하게 될 사랑스러운 우리 아이들과 부모님들의 몸과 마음에 여유와 평화가 함께하기를 바랍니다. 오늘도 아이의 끼니를 고민하며 정성스럽게 만든 음식을 작은 입에 넣어주는, 세상의 모든 엄마들에게 감사의 마음을 바칩니다.

정재호

의사 아빠의 친절한 유아식 가이드

유아식을 시작하기 전 꼭 알아야 할 내용을 정리했습니다. 돌 무렵부터 틈틈이 보면서 우리 아이 유아식을 어떻게 준비할지 생각해보세요. 유아식은 정해진 원칙을 지키는 것이 먼저가 아니라 골고루, 즐겁게, 배부르게 먹는 습관을 들이는 것이 중요하다는 것을 알 수 있습니다.

아이의 식생활과 일상생활에서 아침, 점심, 저녁과 간식이 어떤 의미를 갖는지 알려줍니다.

돌 지난 아이에게 음식을 먹일 때 간은 얼마나 해야 할까? 김치를 꼭 줘야 할까?
아이의 끼니를 준비하다 보면 고민되는 점이 한두 가지가 아닙니다.
아이의 식생활과 관련한 엄마의 고민에 해답을 제시해줄 칼럼을 만나보세요.

요리하는 엄마의 최강 레시피

베이킹 강사이자 엄마인 저자가 아이를 위해 만든 음식을 소개합니다.
의사 아빠의 꼼꼼한 조언을 따라 만들었어요.

재료
요리에 필요한 재료를 한눈에 알 수 있어요.

*달걀 1개의 기준은 50g, 밥 1공기의 기준은 200g입니다.
*이 책에서는 한 끼에 먹는 곡류 기준을 유아 평균권장량인 100g, 즉 성인 밥 1/2공기로 잡았습니다.
*양념은 정해진 분량에 맞는 계량스푼을 사용했습니다.
*치즈는 어린이 치즈를 사용했습니다.
*아이의 식사량에 따라 책에 쓰인 양에서 조금 덜 주거나 조금 더 주는 식으로 조절하면 됩니다.

팁
요리 과정 중 기억하면 좋은 내용을 담았습니다.

Prologue 엄마와 아이 모두가 만족하는 영양만점 한 그릇 식사	4
Prologue 평생 건강의 토대를 닦는 유아식	6
책의 구성	8

아이의 끼니와 식재료

의사 아빠의 유아식 가이드

잘 먹어야 하는 '때'는 따로 있다	20
아이 건강의 절대적인 척도, 잘 먹는다는 것	22
유아식의 기본 원칙	26
돌 이후 아이는 얼마나 먹을까, 얼마나 자랄까	30
올바른 식습관을 위한 원칙	38

요리하는 엄마의 식재료와 도구 안내

엄마가 추천하는 제철 식재료와 좋은 식재료	43
엄마표 국물	46
유아식을 만들 때 필요한 조리 도구	48
유아 식기 및 조리 도구 구입처	50

CHAPTER 2 하루를 시작하는 에너지, 아침

 의사 아빠의 아침 식사에 대한 조언 54

단호박수프
56

옥수수수프
58

가지소고기죽
60

감자닭고기죽
62

게살죽
64

근대된장소고기죽
66

단호박대구살죽
68

매생이죽
70

미역소고기죽
72

바지락양배추죽
74

버섯들깨죽
76

감자다시마샌드위치
78

바나나치즈롤샌드위치
80

에그샌드위치
82

콩가루치즈샌드위치
84

단호박찜케이크
86

바나나찐빵
88

엄마표팬케이크
90

프렌치토스트
92

견과류시금치주먹밥
94

달걀말이밥
96

잔멸치파래김주먹밥
98

버섯오믈렛전
100

단호박버섯리소토
102

양송이크림리소토
104

시금치베이컨키시
106

Doctor's Advice
밥, 국, 반찬 108
김치와 된장 109

CHAPTER 3 오후의 활동을 이어갈 수 있는 힘, 점심

 의사 아빠의 점심 식사에 대한 조언 112

감자뇨끼
114

감자크림리소토
116

날치알볶음밥
118

달걀볶음밥
120

닭고기크림스튜
122

두유버섯리소토
124

렌틸콩그라탱
126

새우마늘종볶음밥
128

아스파라거스
소고기볶음밥
130

아욱브로콜리
대구살덮밥
132

연두부비빔밥
134

오므라이스
136

오야코동
138

오징어미나리볶음밥
140

치킨도리아
142

콜리플라워
닭고기볶음밥
144

토마토홍합스튜
146

파인애플새우볶음밥
148

새우카레주먹밥
150

해물부추밥전
152

간장비빔국수
154

검은깨우유냉면
156

궁중떡볶이
158

소이카르보나라
160

토마토브로콜리
스파게티
162

점심 ▷ 국&반찬

두부굴국
164

두부미소장국
166

모시조갯국
168

바지락미역국
170

소고기뭇국
172

오징어뭇국
174

굴전
176

아삭감자전
178

채소대구살전
180

도토리묵무침
182

파래무침
184

버섯불고기
186

어린이장조림
188

토마토소스
190

표고버섯들깨볶음
192

푸딩달걀찜
194

Doctor's Advice
철 결핍성 빈혈 196
변비 198

CHAPTER 4
아침까지의 공복을 잊게 만드는 즐거움, 저녁

 의사 아빠의 저녁 식사에 대한 조언 202

베이컨마늘볶음밥
204

생선커틀릿
206

소고기찹쌀구이
208

어린이닭백숙
210

연어스테이크
212

짜장밥
214

찹스테이크
216

채소쌈밥과 아기쌈장
218

치킨카레덮밥
220

콩나물밥과
소고기볶음장
222

파에야
224

해물볶음밥
226

두부밥샌드위치
228

낫토김밥
230

굴비주먹밥
232

굴림만둣국
234

당근감자수제비
236

떠먹는감자피자
238

미트볼파스타
240

봉골레스파게티
242

저녁 ▷ 국&반찬

잔치국수
244

건새우콩나물국
246

아욱된장국
248

두부치즈전
250

애호박새우전
252

메밀배추전
254

레몬감자조림
256

레몬타르타르소스
258

무조림
260

사과감자볶음
262

소고기감자크로켓
264

시금치유자무침
266

오이무침
268

우엉잡채
270

토마토달걀볶음
272

파프리카버섯볶음
274

표고버섯두부탕수
276

Doctor's Advice
편식과 과식 278
설탕과 단맛 나는 음식들 280

CHAPTER 5 끼니와 끼니 사이, 간식

의사 아빠의 간식에 대한 조언 284

유자시폰케이크
286

단호박볼
288

홍시머핀
290

고구마호두버무리
292

리코타치즈딸기카나페
294

골드키위크림치즈머핀
296

분유쿠키
298

고구마쌀쿠키
300

단호박푸딩
302

요거트마들렌
304

통밀피칸스콘
306

코코넛스틱
308

요리 찾아보기 310

CHAPTER 1

아이의 끼니와 식재료

의사 아빠의 유아식 가이드

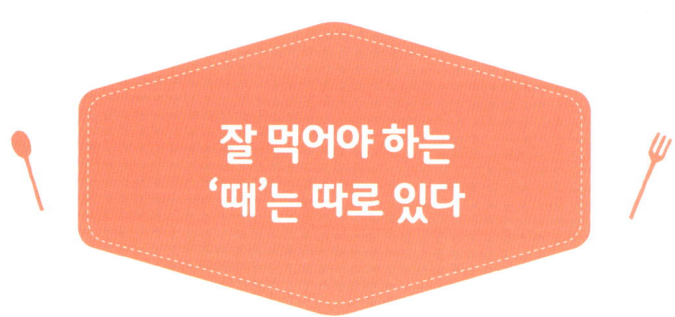

 자신의 자녀가 너무 많이 먹는 건 경계하더라도 잘 먹는 걸 마다할 부모는 없을 것입니다. 그러니 매일 수십 명의 엄마 아빠들이 잘 먹지 않는 아이들에 대해 걱정하고, 그 이유와 해결책을 묻습니다. 아이들의 성장과 발달에 대해 전문적으로 공부하지 않은 보통의 주변 사람들은 물론이고 때로는 의사 선생님조차도 "때가 되면 다 잘 먹게 되니 걱정하지 말라"는 대답을 많이 합니다. 해결책을 제시하는 의사들의 의견을 종합해보면 결국 '굶겨야 한다(끼니만 먹이거나 아주 소량의 간식만 주는 방법)'이다 보니 실천하려고 하면 마음만 아프고 걱정만 더 늘어납니다. 그러다 보니 부모들은 "때가 되면 다 잘 먹는다"는 말에 더 기대게 됩니다.
 첫돌을 지나면서 그 전에 비해 오히려 덜 먹는다고 느끼는 것은 자연스러운 일입니다. 18개월 무렵 대부분 고집이 세지면서 밥 먹이기가 예전보다 더 어려워집니다. 두 돌이 지나면 활동량은 훨씬 늘어나지만 식욕이나 식사량은 오히려 줄어드는 아이들도 많습니다. 하지만 대개 만 4~5세를 지나면서 다시 식욕도 늘고 식사량도 늘어나는 경우를 많이 봅니다.
 그러면 정말 그 '때'를 기다리기만 하면 될까요?
 대답은 "그렇습니다. 하지만 잘 기다려야 합니다"입니다.
 아이들이 정말 잘 먹어야 할 때는 '스스로 잘 먹는 때'가 아니라 두 돌 전, 길게는 세 돌 전의 시기입니다. 평생 아이의 몸과 마음의 바탕이 되는 부분들이 이 시기에 주로 만들어지기 때문입니다. 두뇌 등 신경계는 그 크기와 구성 면에서 2세 무렵에 이미 성인의 80%, 만 4세가 되면 90%가 만들어집니다. 그 이후로는 기능적인 측면, 바꿔 말하면 소프트웨어의 발달이 있는 것이고 하드웨어는 이 시기에 거의 대부분 완성됩니다. 아이의 두뇌가 건강하게 자라고 작동하기 위해서는 이 시기에 적절한 영양 공급을 해주는 것이 필수입니다. 특히 철분과 적절한 동물성 지방의 공급이 중요합니다. 그러니, 잘 먹어야 하는 때에 잘 안 먹는 아이에게 할 일은 억지로 먹이려 드는 게 아닙니다. 꼭 먹어야 하는 것들을 반복해서 주고 필요 없는 것들은 먹이지 말고 기다려주는 것입니다. 그저 목구멍 넘어가는 것이 중요해 아이가 좋아하는 단맛, 짠맛 등 자극적인 음식을 먹이다 보면 식욕만 더 없앨 뿐입니다.

부모가 아이를 키우는 데 국가인증시험을 보거나 면허증을 요구하지는 않습니다. 그러나 아이를 잘 먹이는 것이 아이의 삶에 어떤 영향을 미칠지 고민해본다면 최소한 아이의 식생활에 대한 계획과 방향성은 필요합니다. 나쁘다는 음식은 절대로 먹이지 않고 좋은 음식만 먹이겠다는, 실현 불가능한 강박적인 계획보다는 음식을 통해 인생을 즐기고 자신의 건강을 소중히 여기는 태도를 가르쳐주는 것이 훨씬 현실적이고 바람직할 것입니다.

아이가 정말 잘 먹어야 하는 때는 세 돌 전까지!
아이가 잘 안 먹는 이 시기가 오히려 아이의 두뇌발달을 위해 영양에 더 신경써야 하는 시기입니다.

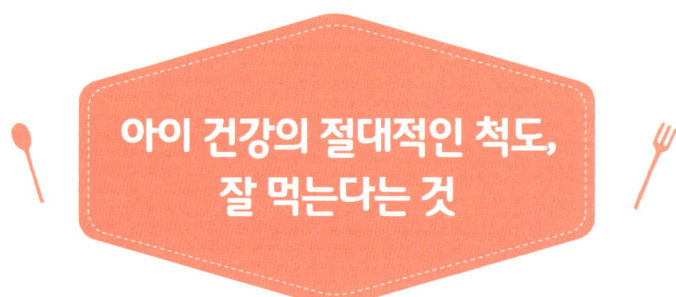

아이 건강의 절대적인 척도, 잘 먹는다는 것

돌이 지나고 아이가 어른이 먹는 음식에 가까운 음식을 먹기 시작하면서 부모는 자주 아이의 끼니에 대해 고민하게 됩니다. 아이가 잘 먹고 잘 놀고 잘 잤으면 싶은데, 뜻대로 되지 않을 때가 많기 때문이지요.

아이가 잘 먹는다는 건 어떤 의미일까요? 왜 아이들은 잘 먹어야 할까요?

아이가 잘 먹는다고 할 때 '잘'에는 여러 의미가 담겨 있습니다. 한마디로 정리하면 '골고루 적당히 먹는 것'입니다. 더 자세하게 살펴본다면 다음과 같은 세 가지를 모두 갖춘 경우라야 잘 먹는다고 할 수 있겠지요.

첫째, 적당히 먹어야 합니다

개인차도 있고 식욕이 매일매일 똑같을 수도 없으며 같은 양이라도 포만감의 정도도 달라 어느 정도가 정량이라고 규정하기는 어렵습니다. 그러나 연령별로 이 정도는 먹어야 한다는 기준은 있습니다.

식당에서 음식을 먹을 때 같은 1인분이라도 '이건 좀 많다' 또는 '이건 너무 적잖아'라는 느낌이 드는 것과 같습니다. 늘 같은 영양 밀도의 음식을 섭취할 수 없으니 평소에 적절한 양의 음식을 먹을 수 있게 아이의 식사량을 키워줘야 합니다. 식사량이 지나치게 적은 아이는 하루 일과 중 먹는 일에 써야 하는 시간이 너무 길다 보니 세상을 탐색할 시간이 줄어듭니다. 평소 식사량이 많은 아이는 필요 이상으로 음식을 섭취해 비만의 씨앗이 되기도 합니다.

'배가 고플 때 먹고 배가 부르도록 먹는 습관'을 만들어주세요. '배가 고프지 않을 때', 이를테면 아이가 울고 떼쓸 때, 심심해할 때, 재우려고 할 때 아이에게 무언가를 먹이는 일은 좋지 않습니다. 물론 그럴 때 먹는다고 큰일이 나는 건 아닙니다. 하지만 '배가 고프지 않을 때' 먹는 것을 당연시하는 것은 곤란합니다. 배가 고프지도 않은데 음식을 주는 것은 원래 식욕이 좋은 아이에게는 식사량이 느는 원인이 되고 식욕이 좋지 않은 아이에게는 식욕을 더욱 떨어뜨리는 이유가 됩니다.

'배가 부르도록' 먹는 습관 역시 중요합니다. 잘 먹지 않는 아이는 배부르도록 먹기보다는 입맛에 따라 먹는 양이 달라집니다. 그런 아이에게 식사 시간 동안 장난감을 쥐어주거나 동영상을 보여주는 등 눈요깃거리를 제공한다면 식사 시간은 더 길어질 수밖에 없습니다. 이럴 때는 식사 때가 되었다고 무조건 먹이려고 애쓰기보다는 배가 고플 때까지 기다렸다가 먹는 습관을 만들어주는 것이 좋습니다. 배가 고플 때는 평소보다 조금 더 빨리, 조금 더 많이 먹기 마련이니까요. 식사 시간이 20~30분 이상 길어지거나 먹는 중에 다른 놀이 등을 요구하며 지루해한다면 식사를 중단하고 다음 끼니에 다시 먹이는 것이 낫습니다.

식욕이 좋은 아이도 마찬가지입니다. 배가 부르도록 먹는다는 말은 배가 부르면 그만 먹는다는 뜻이기도 합니다. 그런데 많이 먹는 아이는 배가 불러도 계속 먹는 경우가 종종 있습니다. 우리 아이가 식성이 좋은 편이라면 밥그릇을 다 비웠을 때 칭찬하기보다는 배부르다는 표시를 할 때 칭찬하는 게 바람직합니다.

둘째, 음식의 질은 맛과 영양 면에서 적절해야 합니다

==맛과 영양을 적절하게 섭취하기 위해서는 골고루 먹는 것이 가장 바람직하고 현실적인 방법입니다.== 우리는 모든 음식의 영양학적 성분을 파악하고 외울 수 없습니다. 각각의 음식이나 성분의 상호작용이 좋을지 나쁠지 아직 확실하지도 않습니다. 여러 매체에서 기적의 음식처럼 소개되던 것들이 수 년 뒤에는 건강을 해치는 주범으로 탈바꿈되기도 합니다. 기능적으로는 해롭다고 알려진 음식이라도 그 독특한 맛으로 인해 삶의 즐거움이 되는 것들도 있습니다. 우리 몸은 어느 정도 독성이 있는 음식을 조금 섭취한다고 무조건 망가질 만큼 허술하지도 않습니다.

결국은 섭취하는 양이 문제입니다. 어떤 특정한 음식이나 성분이 우리 몸에서 좋은 기능을 하더라도 과유불급입니다. 건강은 월등한 어느 한 가지 기능이나 성분으로 유지되는 것이 아니기 때문입니다. 특정한 건강 식단이나 식재료만 고집하는 것이 오히려 건강에 해롭다는 의견도 대두되고 있습니다.

아이에게 골고루 음식을 먹는 습관을 길러주어야 합니다. 그러기 위해 다양한 재료의 음식에 익숙해지도록 이끌어 주세요. 강한 양념은 음식의 맛을 획일화하는 면이 있어 이를 방해할 수 있습니다. 지금까지 알려진 바에 따르면 아이에게 가장 먼저 발달되는 미각은 단맛과 짠맛이라고 합니다. 달고 짠 맛에 대한 선호는 타고나는 거지요. 태아 시기나 모유수유 중일 때 엄마가 다양한 음식을 맛보고, 이유식 시기에 다양한 음식을 맛본 아이는 자라서 편식을 하게 될 확률이 낮다고 합니다. 또 맛에 대한 취향은 결국 익숙함의 문제이므로 그 맛에 자주 노출될수록 좋아하게 될 확률이 높다는 주장도 있습니다. 결국 다양한 맛을 경험할 수 있도록 부모가 노력하지 않는다면 아이가 달거나 짠 것만을 '맛있는 것'으로 여기는 게 자연스러운 결과입니다. 돌 이후의 아이에게도 설탕이나 소금을 제한하도록 권하는 이유는 그 자체의 영양학적 해악보다는 올바른 식습관을 길러주려는 데 있습니다. 우리가 자연에서 취하는 여러 식재료에는 그 자체의 독특한 향미가 있습니다. 짠맛과 단맛뿐만 아니라 다양한 음식의 맛을 즐길 수 있는 기회를 빼앗지 마세요.

그런 다음 생각할 부분이 영양 성분입니다. 어른들은 끼니를 때운다고 자주 표현합니다. 왜냐하면 어른들에게 끼니는 하루 생활에 필요한 에너지의 제공이 가장 큰 역할이기 때문입니다. 하지만 아이에게는 그 이상입니다. 아이는 그 끼니로 자라납니다. 몸도 커져야 하고 기능도 발달시켜야 합니다. 특히 두뇌 등의 신경계와 골격 및 면역체계가 만들어지고 작동하는 시기의 아이에게 끼니의 영양은 직접적으로 때로는 결정적으로 작용합니다. 따라서 좀 익숙하지 않은 맛의 음식이더라도 영양 면에서 적절한 음식을 먹을 수 있도록 습관을 만들어주어야 합니다. 그러므로 골고루 먹는 습관을 길러주는 것은 아주 중요합니다.

셋째, 먹는 태도가 적절해야 합니다

음식을 대하는 태도에 대한 이야기입니다. ==골고루 그리고 적당히 먹는 습관을 길러주는 일은 자신의 몸을 소중히 여기도록 하는 출발점입니다.==

특정 음식에 대한 알레르기가 없는 돌 무렵 아이라면 어른이 먹는 음식을 그대로 먹을 수 있습니다. 몸에 해롭다고 알려진 음식을 먹어볼 수도 있고 아이가 장차 자라서 술이나 담배를 즐길 수도 있겠지요. 그러나 그런 음식을 먹는 것을 당연하게 여기거나 중독되는 일과, 해로움은 알지만 인생의 작은 즐거움으로 여기는 것은 전혀 다른 태도입니다. 또한 유기농이나 건강식이 아니면 먹지 않겠다는 태도와 건강을 위해 가능한 한 좋은 음식을 먹으려고 애쓰는 태도 역시 다른 문제입니다. 음식을 대할 때도 조금 더 여유를 가지면 좋겠습니다.

먹는 일은 본능이기도 하지만 사회적인 활동이기도 합니다. 다른 사람과 같이 밥을 먹는 일은 일종의 스킨십입니다. 마음에 들지 않는 사람과 식사하는 것도 곤욕이지만 아무리 친한 사람이라도 식사 예절이 엉망인 사람과 끼니를 나누는 일도 불편한 경험입니다. ==아이에게 상대방을 배려하는 적절한 식사 속도와 바른 자세, 식사 도구의 올바른 사용 등을 알려주세요.== 식사 예절이 몸에 밴 아이들은 사랑스럽고 대견합니다. 또 그것은 아이가 자라 어른이 되어서도 좋은 대인 관계를 유지할 수 있는 중요한 자산이 됩니다.

이 모든 식사 예절을 갖추기 위해서는 다른 발달 상태도 고려해야 하므로 너무 어릴 때부터 강요하는 것보다는 학교 들어가기 전까지 식사 속도나 바른 자세를 가질 수 있게 도와주면 됩니다. 한 번에 완성되는 게 아니므로 부모 자신이 모범이 되어 아이에게 제대로 보여주고 가르쳐야 합니다. 부모 모두가 비만인 경우 아이가 비만이 될 확률이 높은 것은 유전적인 이유도 있지만 식습관이 문제인 경우도 있습니다. 이미 유전적으로 그런 성향이 있다면 포기하는 게 아니라 더욱 건강한 식습관을 만들어주려 노력해야 합니다. 훌륭하게 완성된 삶을 사는 부모는 아이의 기를 죽일지 모르지만 그렇게 되려고 노력하는 부모의 모습은 아이의 삶에 가장 큰 본보기가 될 것입니다.

건강하게 잘 먹기 위한 원칙 3가지

① **적당히 먹는다** : 배가 고플 때 먹고 배가 부르도록 먹을 수 있도록 도와주세요. 끼니와 끼니 사이 적절한 간격을 유지하고 식사 시간이 30분을 넘어가지 않도록 하세요.
② **골고루 먹는다** : 아무리 몸에 좋은 음식이라도 그것만 많이 먹어서는 곤란합니다. 건강은 어느 한 성분으로 유지되지 않아요. 아이가 골고루 음식을 먹는 습관을 길러주세요.
③ **건강한 음식을 즐기고 식사 예절을 지킨다** : 아이가 음식을 소중하게 여기고 건강한 음식을 즐길 수 있도록 도와주세요. 그리고 상대를 배려하는 식사 예절을 가르쳐주세요.

유아식의 기본 원칙

　이유식을 적절하게 진행하면서 첫돌이 지난 아이라면 이제는 엄마 아빠가 먹는 대부분의 음식을 맛볼 수 있습니다. 맛볼 수 있다는 것이 '맛봐야 한다'는 뜻은 아닙니다.

　아이가 어떤 음식을 먹고 싶어 하는 것은 몸이 그 음식을 필요로 하기 때문이라는 주장도 있습니다. 그러나 갓 돌이 지난 아이부터 두 돌 이전의 아이에게 이런 이론을 적용하는 것은 위험합니다. 충동을 조절하는 능력이 발달하는 시기는 아직도 불분명하지만 이제까지의 연구에 따르면 적어도 만 4세 이전은 아닌 것으로 보입니다. 부모가 끼니나 간식으로 내놓는 음식 중에서 아이가 무엇을 얼마나 먹을지 정하는 것은 자연스럽고 권장할 만한 방법입니다. 하지만 식료품 코너에 아이를 풀어놓고 마음대로 고르도록 하는 것이 몇 살부터 할 만한 일인지는 학문적으로나 부모의 입장으로 살펴보나 아직 많은 고민이 필요합니다.

　==음식을 선택하고 먹는 일은 어른이 되어서도 바꾸기 어려운 일종의 '습관'입니다. 어릴 때부터 바르게 먹는 습관을 만들어주는 것은 부모가 아이에게 줄 수 있는 귀한 선물입니다.== 아이의 기질을 바꾸는 것은 매우 어렵지만 아이가 먹는 음식은 부모의 의지 아래 통제할 수 있습니다. 이것이 바로 특별히 피해야 할 음식이 없는 나이가 되더라도 여전히 부모가 아이에게 좋은 음식들을 바르게 먹이기 위해 노력해야 하는 이유입니다. 아이의 체질을 바꾸려는 노력은 헛수고일 가능성이 높습니다. 차라리 당장 아이가 먹는 음식을 고민하고 좋은 식습관을 들이려 애쓰는 것이 지속가능한 합리적인 선택입니다.

　아이의 끼니를 준비하면서 원칙대로만 먹일 수는 없습니다. 어떤 원칙을 세워두고 그 원칙을 지키려는 노력 정도라면 충분합니다. 이유식에 비해 제한점이 많이 줄었지만 여전히 다음 몇 가지 원칙들은 고려해야 합니다.

첫째, 아이에게 다양한 음식군을 주어야 합니다

100% 해로운 음식은 있을지 몰라도 무조건 이로운 음식은 없습니다. 생존에 필수적인 물이나 소금마저도 그렇습니다. 그래서 다양한 음식을 접해야 하는데, 엄마가 영양사처럼 매 끼니를 성분과 열량을 계산해서 마련하는 것은 비현실적입니다. ==다양한 음식을 제공하려는 시도로 충분합니다.== 조금 더 구체적으로 말하자면 음식을 다섯 군으로 나누어 한 끼니에 세 군 이상, 하루 네 군 이상의 음식을 먹을 수 있도록 합니다. 음식 재료를 계절에 맞게 구하는 것은 현실적으로 다양성을 챙기는 좋은 방법입니다.

5가지 음식군 : 채소, 과일, 곡물, 저지방 유제품, 단백질 공급원(육류, 생선, 견과류, 달걀 등)

둘째, 다양한 음식을 접할 기회를 주어야 합니다

음식에 대한 좋고 싫음을 결정하는 이유는 여러 가지가 있습니다. 그중에서 익숙함을 빼놓을 수 없습니다. 예전에는 좋아하지 않았지만 시간이 흘러 갑자기 먹고 싶다거나 우연히 다시 그 음식을 맛보고는 너무 맛있어 놀라는 일도 있습니다. 한 번 맛보고 영원히 싫어할 음식이 될 수도 있지만 한 번도 먹어보지 못한 음식을 먹고 싶다고 떠올리는 것은 불가능합니다. 한국 사람이라면 느끼한 음식을 먹을 때 대부분 김치를 떠올리지만 외국에서 태어나 자란 경우에는 김치 냄새가 오히려 역겹다고 생각할 수도 있습니다. ==다양한 음식을 경험할수록 다양한 음식을 먹을 줄 알게 될 가능성이 커집니다. 아이가 스스로 음식을 요리하고 먹을 수 있기 전까지는 아이의 기호에 관계없이 다양한 음식을 꾸준히 식탁에 내놓으려 노력할 필요가 있습니다. 여기에 하나 더, 식탁에 올라온 음식은 일단 한 번은 맛보는 규칙을 정해두면 좋습니다.== 더 먹을지에 대해서는 아이에게 맡기도록 합니다.

셋째, 원재료이거나 첨가물의 종류가 적고 처리 과정이 단순한 음식이 안전합니다

인공이 아닌 천연의 재료라고 해서 무조건 안전하다고 할 수는 없습니다. 간단한 예로 독버섯이나 복어 같은 것들은 자연 그대로 섭취하면 우리에게 치명적이지요. 그리고 가공식품이라고 해서 무조건 해로운 것도 아닙니다. 안전에 대해서만 따진다면 이른바 '자연식품'보다 오히려 더 훌륭할 수도 있습니다. 그럼에도 아이에게는 가능한 한 천연 재료로 음식을 만들어주기 위해 노력해야 합니다. 가공 과정이 늘어날수록 안전성 여부가 확인되지 않은 원료가 추가될 가능성이 높습니다. 가공 과정이 늘어날수록 오염의 가능성이 높아집니다. 신선한 음식일수록 같은 양에서 수분이 차지하는 비중이 높고 가공 과정이 늘어날수록 단위 부피당 열량이 지나치게 늘어날 수 있습니다. 때문에 첨가물의 종류가 적고, 가공 과정이 단순한 음식을 선택하는 것이 비만을 예방하고 신선한 음식을 줄 수 있는 좋은 방법입니다.

넷째, 설탕, 소금, 지방은 먹는 즐거움을 위해 소량만 사용합니다

소금이나 설탕을 죄악시할 필요는 없습니다. 인생의 즐거움일 뿐만 아니라 소금은 인체의 기능을 유지하기 위해 꼭 필요합니다. 아이가 좀 달고 짜게 먹는다고 수년 내에 고혈압이 생기는 것도 아닙니다. 그러나 어릴 때부터 음식 재료 각각의 맛이 아닌 '맛'을 위해 음식을 먹는 버릇이 드는 것은 권할 일이 아닙니다. 새로운 음식을 맛보면서 익숙한 맛을 더하는 용도로, 건강에는 좋지만 맛없는 음식을 수월하게 먹기 위한 정도로 가능한 한 적게 쓰는 게 바람직합니다.

다섯째, 적절한 양과 크기로 주어야 합니다

여러 단체에서 연령과 체중에 따라 권장하는 식사량이 있습니다. 큰 차이는 없지만 이 책에서는 미국의 농업성(USDA) 기준을 근거로 이야기하고 있습니다. 아이마다 필요한 영양분은 유전이나 인종의 영향을 받을 수 있으나 어릴 때는 그 차이가 크지 않고, 다민족 사회인 미국의 기준을 참고하는 것이 보다 일반적으로 적용할 수 있는 근거라고 생각해서입니다. 그러나 각 가정에서 철저하게 하루 필요한 열량이나 미량 원소의 양을 계량하여 식탁에 올리는 일은 불가능하고 불필요합니다. 일반적인 필요 영양분에 따른 음식의 양을 대략 숙지한 뒤 그날그날 아이의 식욕에 따라 충분히 먹일 수 있으면 됩니다. 이에 더해서 단기간이 아니라 꾸준하게 식사량을 적절히 늘리려는 노력을 하면 됩니다.

음식의 크기는 흡인 사고를 예방하기 위해 연령과 씹는 능력에 따라 조절합니다. 3~4세 무렵이 되어야 성인 수준으로 음식을 으깨면서 먹을 수 있고 음식을 삼킬 때 기도로 넘어가는 사고가 날 확률이 줄어듭니다. 최소한 2세 이전에는 으깬 뒤 다시 뭉친 형태나 편하게 씹을 수 있는 작은 크기로 음식을 줍니다. 땅콩, 포도, 체리토마토, 당근, 해바라기 씨, 호박씨, 고기나 핫도그, 사탕, 젤리, 땅콩 알갱이가 있는 땅콩버터 등은 먹이지 않거나 작은 크기로 잘라서 줍니다. 그리고 돌아다니면서 먹는 일은 처음부터 허용하지 않아야 합니다. 아무리 적절한 크기로 만든 음식이라도 돌아다니면서 먹으면 흡인 사고의 위험이 더 커집니다.

여섯째, 수분 섭취는 물로 합니다

이유식을 시작하기 전까지는 모유나 분유 외에 물을 따로 먹이지 않습니다. 오히려 물을 마시면 포만감 때문에 모유나 분유를 먹을 때 식욕을 떨어뜨릴 수 있습니다. 이유식을 시작한 뒤로는 물을 먹일 수 있지만, 대체로 돌 이전에 먹이는 음식은 수분이 충분하기 때문에 꼭 물을 줄 필요는 없습니다. 또 이유식을 먹는 중간에 물을 먹이는 것은 씹는 능력을 익히는 데 방해가 됩니다. 이후로도 아이가 특별히 물을 얼마만큼 마셔야 한다는 권장 기준은 없습니다. 하지만 아이가 아프거나 열이 나는 동안에는 평소보다 물을 더 마시도록 수시로 권하는 게 좋습니다. 돌이 지나 활동량이 늘어나면 수시로 조금씩 물을 마시는 것이 바람직합니다.

==아이가 목말라 할 때는 과일이나 주스보다는 물로 갈증을 푸는 것이 좋습니다.== 그러면 같은 양을 마시더라도 더 많은 양의 수분을 섭취할 수 있습니다. 과일이나 주스로 갈증을 해결하는 습관은 비만의 원인 중 하나입니다. 간혹 물맛 자체를 싫어하는 아이가 있는데, 레몬즙을 몇 방울 떨어뜨려주거나 보리차 등 곡물차를 먹이는 것도 대안일 수 있습니다. 다만 곡물차를 줄 때는 알레르기에 주의해야 합니다.

꼭 기억하세요!

유아식 준비 원칙 6가지
① 다양한 음식군을 준다 : 한 끼에 세 군 이상, 하루에 네 군 이상의 음식을 먹을 수 있도록 해주세요.
② 다양한 음식을 접할 기회를 준다 : 새로운 음식을 꾸준히, 자주 경험하게 해주세요.
③ 첨가물이 적고 가공 과정이 단순한 음식을 준다 : 어떤 재료를 사용하고, 어떻게 만들어졌는지 알아보기 수월할수록 안전한 음식을 고르기 쉽습니다.
④ 설탕, 소금, 지방은 최소한으로 : 다양한 재료 본연의 맛을 즐길 수 있도록 해주세요.
⑤ 적절한 양과 크기로 준다 : 아이에게 필요한 양과 적당한 크기의 음식을 주어야 안전하게, 즐겁게 먹을 수 있습니다.
⑥ 음료수보다는 물을 준다 : 과일이나 주스로 갈증을 해소하는 습관은 비만의 원인이 됩니다.

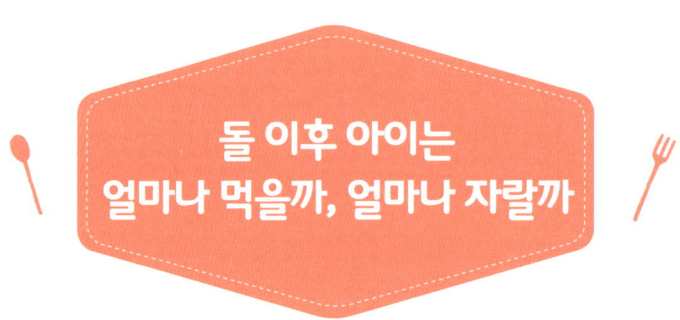

돌 이후 아이는 얼마나 먹을까, 얼마나 자랄까

잘 먹던 아이도 돌이 지나면서 먹는 양이 줄고 식탁에서 엄마와 씨름하는 경우가 많습니다. 이것은 문제 상황이 아니라 자연스러운 현상입니다. 돌이 지나면 식욕이 급격히 감소합니다. 성장 속도도 더뎌지기 때문에 예전에 비해 상대적으로 에너지 요구량도 줄어듭니다. 이유식에 비해 알갱이가 더 단단하고 굵은 음식을 먹기 때문에 단위 부피당 열량은 높아져 실제로 섭취하는 영양은 비슷하거나 오히려 늘어나 있기도 합니다. 예전보다 양은 줄어도 영양의 질이 이를 대신하게 됩니다.

이제 아이는 음식에 대해 취향도 생기고 고집도 보입니다. 한 그릇 뚝딱 비우던 음식을 뱉어내거나 보기만 해도 짜증을 낼 때도 있습니다. 거꾸로 예전에는 쳐다보지도 않던 음식을 서너 끼니 연속으로 먹기도 합니다. 돌이 지난 아이, 어떻게 먹여야 할까요?

[활동량에 따른 1일 필요 열량] (단위 : kcal)

나이	성별	가벼운 활동 (대부분 앉아서 하는 활동)	보통 활동 (걷기, 자전거 타기 등)	심한 활동 (달리기, 수영 등)
2~3세	남아/여아	1,000	1,000	1,000
4~8세	남아	1,200~1,400	1,400~1,600	1,600~2,000
	여아	1,200~1,400	1,400~1,600	1,400~1,800

위의 표에서 보는 것처럼 돌 이후의 아이에게는 활동량이나 체중에 따라 증감이 될 수 있지만 평균적으로 하루 1,000kcal 정도가 필요합니다. 이를 세 번의 식사와 1~2회의 간식으로 나누어서 먹는 것입니다. 그러나 아이가 실제로 섭취하는 음식의 양은 균등하지도 않고 매일 비슷

하지도 않습니다. 한 끼에 하루 먹을 양 전체를 먹기도 하고 한 끼의 양을 몇 끼로 나누어서 먹기도 합니다. 하지만 대부분의 부모들은 '매일매일 균형 잡힌 영양'을 공급해야 한다는 압박감에 눌려 이런 상황을 지켜보기 불편해합니다.

부모가 조정할 수 있는 부분은 언제, 어디서, 무엇을, 얼마나 많이, 얼마나 오래 먹일 수 있는지입니다. 그중에 무엇을, 얼마나 먹을 것인지는 아이가 정하도록 해야 하고 그럴 수밖에 없습니다. 이 시기 아이에게 편식은 당연한 과정입니다. 부모는 최대한 다양한 음식을 제공하면서도 아이의 자율성은 보장해주어야 합니다. 다만 아이가 잘 먹는 것을 주기보다는 다양한 음식을 꾸준히 내놓는 것이 중요합니다. 아이가 잘 먹는 음식을 골라 식탁을 차리지 말고 부모 생각에 먹어서 좋을 만한 음식을 내놓고 아이에게 선택권을 줍니다.

얼마 전부터 유아식을 식판으로 내놓는 방법이 관심 받고 있습니다. 어차피 아이의 음식을 따로 만들어 담아야 한다면 엄마와 아이에게 모두 좋은 선택일 수 있습니다. 특히 비만을 예방할 수 있는 방법이기도 합니다. 다른 칼럼('밥, 국, 반찬')에서 더 자세히 이야기하겠지만 밥과 반찬을 나누어 식판 형태로 줄 것인지 일품요리로 내놓을 것인지 정하는 것은 전적으로 엄마의 몫입니다. 옳고 그른 문제는 아닙니다. 어떤 식으로 먹이든 결국 나이가 들수록 보통의 한국 식사처럼 밥과 반찬을 나누어 먹는 일이 더 많아지겠지요. 이 책에서는 아이에게 최대한 다양한 음식을 경험하도록 하는 일을 우선하는 까닭에 한 그릇 음식을 소개합니다.

아이가 취하는 음식의 균형과 다양성은 한 끼니 또는 하루로 이루어지지 않습니다. 여러 날 또는 여러 주 동안 섭취하는 음식 전체를 바탕으로 만들어진다고 보는 게 맞습니다. ==끼니를 제대로 먹지 않을 때 권할 만한 대책은 기다려주는 것입니다.== 충분히 배고플 수 있도록 기회를 주는 일입니다. 이번에 먹지 않으면 사람인 이상 다음에는 먹을 수밖에 없겠지요.

밥을 제때 먹지 않은 아이에게 뭐라도 먹이려는 마음으로 아이가 좋아하는 달콤한 간식을 주는 것은 잘못된 선택에 상을 주는 일입니다. 반드시, 항상 좋은 것만 먹이라는 이야기가 아닙니다. 다른 모든 일과 마찬가지로 아이를 먹이는 일에서도 '이래야만 한다'는 강박보다는 '대체로 그러하다'는 여유로운 일관성 정도는 지켜야겠지요.

다음 표에 따르면 하루 1,000kcal를 공급하기 위해서는 과일 한 컵(약 200mL), 채소 한 컵, 곡류 약 90g, 육류 약 60g, 유제품 두 컵이 필요합니다. 전체 부피를 합쳐보면 하루 약 1,000mL 정도의 음식이 필요하며 그중 유제품을 빼고 음식을 조리하는 과정에서 추가되기 마련인 수분을 고려한다면 매 끼니마다 약 180~200mL 정도입니다. <mark>아이의 밥과 반찬을 모두 어른 밥 공기에 담았을 때 약 2/3 정도에서 한 공기에 해당하는 양입니다.</mark> 어떤 끼니는 숟가락 단위의 양을 먹을 수도 있고 어떤 끼니는 두 그릇을 먹을 수도 있지만 평균적으로는 이 정도를 먹게 됩니다. 만약 항상 이보다 덜 먹는 아이라면 지나치게 간식이나 우유의 양이 많지 않은지 살펴보세요. 간식이 많지 않은데도 먹는 양이 적다면 빈혈이나 아연 결핍 등에 대해 소아청소년과 의사와 상의할 필요가 있습니다.

[1일 필요 열량(1,000kcal)에 따른 식품군별 1일 섭취량] (단위 : kcal) (1컵 기준: 200mL)

1일 섭취량	과일	채소	곡류	육류	유제품
1,000kcal	1컵	1컵	90g	60g	2컵

※ 이 양은 하루 세 번의 식사와 1~2회의 간식으로 나누어 섭취한다.

음식군별 섭취량

◎ 과일

과일이 몸에 좋다고 끼니는 생각 않고 과일만 많이 먹이는 가정도 많습니다. 아이에게 적절한 과일의 양은 하루 한 컵 분량입니다. 한 번에 아이 주먹 하나 정도의 과일을 두 번 주는 양입니다. 과일은 여러 미량 원소, 특히 비타민C의 주요 공급원이지만 큰 틀에서 보면 단맛 나는 채소와 같습니다. 정상적인 끼니를 포기하면서까지 과일을 먹일 필요는 없습니다. 한 컵 분량의 생과일은 말린 과일 반 컵 분량 그리고 원료 100% 주스 한 컵과 같습니다.

◎ 채소

채소 한 컵 분량은 생채소나 익힌 채소나 똑같이 계산합니다. 샐러드를 만들 때처럼 듬성듬성 담기는 이파리 채소일 경우는 두 컵 분량을 한 컵으로 간주합니다. 100% 생채소 주스 한 컵은 생채소 한 컵과 같습니다.

◎ 곡류

곡류는 200g 정도의 어른 밥 한 공기 분량을 두 번에 나누어 먹입니다. 국수나 파스타는 쌀밥과 같은 분량을 한 끼로 여깁니다.

◎ 육류

육류는 단백질 공급원으로, 소고기, 닭고기, 돼지고기, 생선류(조개류 포함) 모두 똑같이 계산합니다. 하루에 60g 정도가 필요한데, 육류 30g은 계란 한 알, 땅콩버터 한 숟가락, 또는 익힌 콩 1/4컵으로 대체할 수 있습니다. 단 생선은 일주일에 한 번 정도 먹는 것이 적당합니다. 건강에 좋은 단백질과 지방이 가득하지만 중금속 중독의 위험성이 갈수록 높아지기 때문입니다. 조개류, 생선류는 근해보다 원양에서 난 생물, 큰 것보다 작은 크기의 생물이 수은 함량이 적습니다. 조개류는 식중독균이 번식하기 쉬우므로 재료의 신선도를 꼭 확인해야 합니다.

◎ 유제품

한 컵 분량의 우유와 요거트는 똑같이 취급합니다. 자연 치즈일 경우는 약 40g을, 가공 치즈일 경우는 약 60g으로 우유 한 컵을 대체할 수 있습니다. 유제품은 칼슘의 중요하고 효과적인 공급원입니다. 우유를 싫어하는 아이라면 요거트나 치즈로 대체하는 것도 좋은 방법입니다. 칼슘 강화 두유 1컵 역시 우유 1컵과 같이 계산하지만 특별한 경우가 아니라면 두 돌 이전에 우유 대신 두유를 주는 것은 권하지 않습니다.

==이 시기 아이의 음식에서 어른과 달리 고려해야 하는 부분은 지방과 콜레스테롤의 중요성입니다.== 지방과 콜레스테롤은 뇌와 신경계의 정상적인 발달과 성장을 위해 필수적이므로 성인처럼 제한해서는 곤란합니다. 이 시기에는 전체 열량의 절반 정도를 지방에서 제공하려 노력해야 합니다. 그러나 만 2세 이후에는 성인과 마찬가지로 지방 섭취를 줄이려는 노력이 필요합니다. 우유를 저지방 우유로 바꿔주는 것이 가장 간단하고 대표적인 방법입니다.

한국 가정의 유아식을 생각한다면 한 끼는 보통 이런 모습일 것입니다. 1/2공기(1 공기 기준 200mL) 정도의 밥, 500원짜리 동전만 한 고기완자 두세 개, 아이 숟가락으로 네다섯 번 정도 먹을 만한 채소로 어른 밥공기에 모두 담으면 2/3에서 한 공기 정도가 됩니다.

국을 먹인다면 건더기 양만 계산합니다. 모든 끼니가 꼭 밥, 고기와 채소 그리고 국으로 이루어질 필요는 없습니다. 어떤 끼니는 햄버거처럼 육류가 주재료가 될 수도 있고 어떤 끼니는 뮤즐리처럼 곡류만으로, 또 어떤 끼니는 채소와 과일 샐러드로 이루어질 수도 있습니다. 꼭 밥, 국,

반찬이 아니라고 죄책감을 가질 이유는 없습니다.

각 식재료의 열량과 구성 성분을 매번 분석해서 끼니를 내놓기는 어려우니 위의 방법을 참고해서 계절에 맞는 다양한 재료를 아이에게 먹인다면 대체로 균형 잡힌 영양소를 공급할 수 있습니다.

실제 육아에서 우리 아이가 '얼마나 먹어야 한다'는 말에는 문제가 있습니다. 끼니의 양은 사람마다 다를 수밖에 없으니까요. 앞서 정리한 내용은 '목표'라기보다는 '참고'로 하세요. 아이가 밥을 먹는 것은 결국 잘 자라기 위해서이니 매일매일 각 음식을 분석하는 것보다는 아이가 얼마나 잘 크고 있는지를 살피는 것이 좋겠습니다.

성장기준표가 절대적인 것은 아니다

36~37쪽의 성장기준표에 따르면 돌이 지난 아이는 매달 체중은 약 200g 정도, 키는 1.1cm 정도 자랍니다. 돌에서 두 돌 사이에 체중은 약 2.4kg, 키는 약 13cm가 자라는 거지요. 태어나서 돌까지 체중은 3배나 늘고, 키는 약 25cm가 자라는 것에 비하면 더디게 자라는 듯 보일 수밖에 없습니다. 아이들은 꾸준히 자라지 않습니다. 단기간에 쑥 자라고 한참 동안 정체 상태에 있는 계단식 성장을 반복합니다. 성장부전으로 진단된 아이들은 2주 간격으로 신체계측을 권하기도 합니다. 그러나 보통의 아이라면 한 달에 한 번 정도 측정하면 적당합니다.

엄마 걱정 안 시키고 잘 먹으면서 성장기준표상 자신의 백분위수에서 크게 벗어나지 않게 잘 자라고 있다면 크게 걱정할 이유는 없습니다. 하지만 성장기준표상 백분위수가 2칸 이상 증가하고 있다면 음식을 과도하게 섭취하고 있지는 않은지 살펴보아야 합니다. 특히 우유를 너무 많이, 자주 먹는 것은 아닌지 확인해보세요. 돌이 지나도록 젖병으로 분유나 전유를 먹거나 자기 전에 먹고 자는 버릇 등은 필요 이상으로 우유를 먹는 대표적인 행위입니다. 지난 6개월 동안 성장기준표상 백분위수가 2칸 이상 떨어지고 있다면 아파보이지는 않는지 최근 먹는 상황은 어떤지 살펴보는 것도 중요하지만 일단 소아청소년과 의사와 상담을 하는 것이 좋습니다. 성장부전(failure to thrive)을 의심해야 하는 좋지 않은 상황입니다. 이보다 짧은 기간 동안 체중이 급격히 감소한다면 성장의 문제 이전에 질병 유무를 먼저 확인해야 합니다.

엄마가 보기에는 그다지 잘 먹지 않는 것 같아도 성장기준표상에서 잘 자라고 있다면 걱정과는 달리 적절히 자라고 있다고 판단해도 좋습니다. 정말 잘 안 먹는데 잘 자라는 것 같다면 끼니

가 아니라 우유나 단맛의 간식만 많이 먹는 것은 아닌지 살펴봐야 합니다.

현재 영유아 검진이나 소아청소년과에서 주로 사용하는 자료는 2007년 대한소아과학회 성장기준입니다. 이 기준은 엄밀한 의미에서는 건강한 아이들의 성장 유형을 제시하여 올바른 성장에 관한 기준을 제시하는 '표준치'가 아니라 단순히 현재의 성장발육 상태를 실측하여 그 평균을 반영하는 '참고치'입니다. 이 월령의 아이는 이 몸무게가 적절하다는 의미보다는 이 월령의 아이는 요즘 이 정도 몸무게더라는 의미입니다.

2006년 세계보건기구(WHO)는 출생 후 만 5세까지 영유아의 새로운 국제 성장 기준을 발표했습니다. 새로운 영유아 성장기준은 1997년부터 2003년까지 전 세계 6개 대륙에서 건강한 8천여 명의 모유수유아를 대상으로 하여 얻은 결과입니다. 엄마에게 특별한 건강상의 문제가 없고 아기에게 반복되는 감염성 질환 등이 없이 영유아 성장에 기본적으로 요구되는 조건이 충족된다면 인종이나 민족에 상관없이 전 세계 영유아가 기준으로 삼을 수 있습니다.

현재 영국이나 미국에서는 2세 이전에는 세계보건기구 표준 성장기준을 이용하고 2세 이후부터는 이전에 사용하던 실측 참고치를 이용하고 있으며 점차 세계보건기구 기준으로 사용하는 방향으로 바꿔가고 있습니다. 한국의 소아청소년과 의사들 사이에서도 같은 방식으로 적용하여 세계보건기구 성장기준을 표준으로 채택하려는 움직임이 활발합니다. 이 책에서는 이 기준을 중심으로 살펴보겠습니다.

꼭 기억하세요!

한 끼에 모든 영양을 섭취할 순 없다

아이가 취하는 음식의 균형과 다양성은 여러 날 또는 여러 주 동안 섭취하는 음식 전체를 바탕으로 이루어집니다. 한 끼, 하루의 식사에서 균형 잡힌 영양을 제공하려는 강박에 시달리지 않아도 괜찮아요. 부모는 아이가 잘 먹는 음식 위주로만 식탁을 차리지 말고 아이가 먹어서 좋을 음식을 다양하게 내놓고 아이에게 선택권을 주면 됩니다.

잘 안 먹는데 잘 자란다면?

잘 안 먹는데 잘 자라는 아이라면 아이가 우유나 간식을 지나치게 먹는 건 아닌지 살펴보세요. 그리고 6개월 동안 성장기준표상 백분위수가 2칸 이상 떨어지는 아이라면 소아청소년과 의사와의 상담이 필요합니다.

WHO 성장기준표

남아 성장도표

연령	구분	백분위수								
		3P	5P	15P	25P	50P	75P	85P	95P	97P
출생시	체중	2.5	2.6	2.9	3.0	3.3	3.7	3.9	4.2	4.3
	신장	46.3	46.8	47.9	48.6	49.9	51.2	51.8	53.0	53.4
6개월	체중	6.4	6.6	7.1	7.4	7.9	8.5	8.9	9.5	9.7
	신장	63.6	64.1	65.4	66.2	67.6	69.1	69.8	71.1	71.6
12개월	체중	7.8	8.1	8.6	9.0	9.6	10.4	10.8	11.5	11.8
	신장	71.3	71.8	73.3	74.1	75.7	77.4	78.2	79.7	80.2
18개월	체중	8.9	9.1	9.7	10.1	10.9	11.8	12.3	13.1	13.5
	신장	77.2	77.8	79.5	80.4	82.3	84.1	85.1	86.7	87.3
24개월	체중	9.8	10.1	10.8	11.3	12.2	13.1	13.7	14.7	15.1
	신장	82.1	82.8	84.6	85.8	87.8	89.9	91.0	92.8	93.6
30개월	체중	10.7	11.0	11.8	12.3	13.3	14.4	15.0	16.2	16.6
	신장	85.5	86.3	88.4	89.6	91.9	94.2	95.5	97.5	98.3
36개월	체중	11.4	11.8	12.7	13.2	14.3	15.6	16.3	17.5	18.0
	신장	89.1	90.0	92.2	93.6	96.1	98.6	99.9	102.2	103.1
42개월	체중	12.2	12.5	13.5	14.1	15.3	16.7	17.5	18.9	19.4
	신장	92.4	93.3	95.7	97.2	99.9	102.5	104.0	106.4	107.3
48개월	체중	12.9	13.3	14.3	15.0	16.3	17.8	18.7	20.2	20.9
	신장	95.4	96.4	99.0	100.5	103.3	106.2	107.7	110.2	111.2
54개월	체중	13.6	14.0	15.2	15.9	17.3	19.0	19.9	21.6	22.3
	신장	98.4	99.4	102.1	103.7	106.7	109.6	111.2	113.9	115.0
60개월	체중	14.3	14.7	16.0	16.7	18.3	20.1	21.1	23.0	23.8
	신장	101.2	102.3	105.2	106.8	110.0	113.1	114.8	117.6	118.7

(단위: 체중(kg), 신장(cm), WHO, 2006) (P=percentile, 백분위수)

여아 성장도표

연령	구분	백분위수							
		3P	5P	15P	25P	50P	75P	85P	95P	97P
출생시	체중	2.4	2.5	2.8	2.9	3.2	3.6	3.7	4.0	4.2
	신장	45.6	46.1	47.2	47.9	49.1	50.4	51.1	52.2	52.7
6개월	체중	5.8	6.0	6.4	6.7	7.3	7.9	8.3	8.9	9.2
	신장	61.5	62.0	63.4	64.2	65.7	67.3	68.1	69.5	70.0
12개월	체중	7.1	7.3	7.9	8.2	8.9	9.7	10.2	11.0	11.3
	신장	69.2	69.8	71.3	72.3	74.0	75.8	76.7	78.3	78.9
18개월	체중	8.2	8.4	9.0	9.4	10.2	11.1	11.6	12.6	13.0
	신장	75.2	75.9	77.7	78.7	80.7	82.7	83.7	85.5	86.2
24개월	체중	9.2	9.4	10.1	10.8	11.5	12.5	13.1	14.2	14.6
	신장	80.3	81.1	83.1	84.2	86.4	88.6	89.8	91.7	92.5
30개월	체중	10.1	10.4	11.2	11.7	12.7	13.8	14.5	15.7	16.2
	신장	84.0	84.9	87.0	88.3	90.7	93.1	94.3	96.5	97.3
36개월	체중	11.0	11.3	12.1	12.7	13.9	15.1	15.9	17.3	17.8
	신장	87.9	88.8	91.1	92.5	95.1	97.6	99.0	101.3	102.2
42개월	체중	11.8	12.1	13.1	13.7	15.0	16.4	17.3	18.8	19.5
	신장	91.4	92.4	94.8	96.3	99.0	101.8	103.3	105.7	106.7
48개월	체중	12.5	12.9	14.0	14.7	16.1	17.7	18.6	20.4	21.1
	신장	94.6	95.6	98.3	99.8	102.7	105.6	107.2	109.8	110.8
54개월	체중	13.2	13.7	14.8	15.6	17.2	18.9	20.0	22.0	22.8
	신장	97.6	98.7	101.5	103.1	106.2	109.2	110.9	113.6	114.7
60개월	체중	14.0	14.4	15.7	16.5	18.2	20.2	21.3	23.5	24.4
	신장	100.5	101.6	104.5	106.2	109.4	112.6	114.4	117.2	118.4

(단위: 체중(kg), 신장(cm), WHO, 2006) (P=percentile, 백분위수)

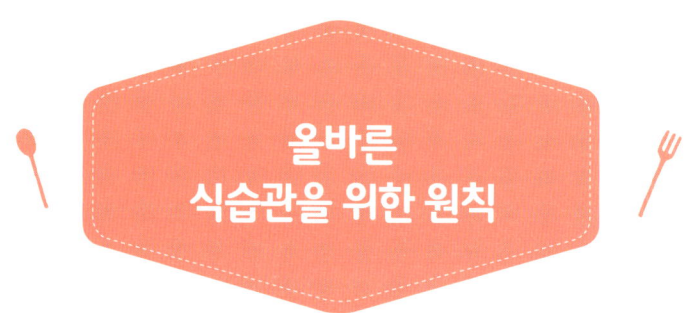

올바른 식습관을 위한 원칙

아이를 키우다 보면 양육에 관한 책을 통해 정보를 얻거나 도움을 받을 때가 많은데 대부분의 책에서 올바른 식습관을 위해 원칙을 두기를 권합니다. 아이의 연령에 따라서 아이가 모유수유 시기인지 이유식 시기인지, 혹은 유아식 시기인지에 따라서 그 내용은 달라질 수 있습니다.

여기서는 돌 이후부터 유치원 가기 전 아이를 주 대상으로 하였습니다.

첫째, 부모가 모범을 보여주세요

식습관뿐만 아니라 아이를 키우는 일이 그렇습니다. 무엇을 가르치든 먼저 행동하고 보여주는 게 부모가 할 수 있는 최선의 방법입니다. 어떤 모습이 좋은지 정하기는 쉽지 않습니다. 그래도 공통적으로 환영받는 모습은 분명히 있습니다. 맛있게 먹는 모습이지요. 같이 먹는 사람도 기분 좋아지고 음식을 준비한 사람도 뿌듯합니다.

사실 식탁에서 필요한 원칙은 각 가정에서 정할 몫입니다. 모두 나름대로의 상황이 있으니까요. 어떤 원칙이 중요한가보다는 원칙이 있는지의 여부가 더 중요하고, 그 원칙을 엄마와 아빠가 모두 동의하는지, 그래서 부모도 그렇게 행동하는지, 다른 가족의 양해를 얻을 수 있는지도 놓칠 수 없는 부분입니다. '이것만은 꼭 지켜야 한다'가 아니라 '이런 부분을 상의해봐야겠구나'라는 생각으로 나머지를 같이 살펴봅시다.

둘째, 스스로 먹는 습관을 길러주세요

배가 고픈 아이는 스스로 먹습니다. 기질적으로 식욕이 없는 아이도 최소한 처음 몇 숟가락은 직접 먹으려 시도합니다. 아예 먹으려 들지 않는다면 먹이지 않는 게 해결책입니다. 배고프지 않은 아이를 억지로 먹이려 들면 먹는 일 자체를 거부할 수 있습니다. 먹지 않으려고 하는 아이를 오랜 시간에 걸쳐 달래고 쫓아다니며 먹인다면 다음 끼니의 식욕은 더 떨어지게 됩니다. 악순환의 시작입니다. 뿐만 아니라 억지로 먹이는 습관은 훈육도 방해합니다. 아이는 부모의 공포감을 이용할 줄 압니다. 내가 안 먹을 때 부모가 얼마나 쩔쩔매는지 아는 아이에게 끼니는 부모에게서 원하는 것을 얻어내는 쿠폰입니다. 아이는 안 먹으려 버티면 버틸수록 맛있는 음식을 먹을 수 있고, 원하는 것을 얻을 수 있습니다. 부모는 먹이려고 애쓸수록 더 안 먹고 더 통제하기 어려운 아이를 만나게 됩니다.

8~9개월 무렵 이유식이나 어른이 먹는 음식에 손을 뻗기 시작하면 '핑거푸드'를 내놓아 보세요. 식탁이 너무 지저분해지기 때문에 곤란하다면 한 번에 한 끼니 전체를 담지 말고 나누어서 주는 방법을 써볼 수도 있습니다. 이 시기부터 돌 무렵까지 무엇이든 스스로 하겠다는 모습을 보이는데, 자연스러운 발달 과정입니다.

돌에서 두 돌까지는 포크나 숟가락 같은 도구를 사용하더라도 아직 익숙하지 않습니다. 음식을 직접 입에 넣어주기보다는 아이 손을 잡고 먹는 것을 도와주거나 식사 도구에 음식을 담아 손에 쥐어주는 정도까지만 하는 것이 적절합니다. 세 돌 무렵에는 대부분 숟가락과 포크 정도는 어른과 비슷하게 사용할 수 있고 서툴게나마 젓가락을 사용하는 아이도 간혹 볼 수 있습니다. 이 시기를 지나도록 스스로 먹는 모습을 보지 못한다면 아이의 성장과 발달을 부모가 방해하고 있지는 않은지 되돌아봐야 합니다.

셋째, 끼니는 물론 간식도 정해진 시간에 정해진 장소에서 주세요

아이가 자랄수록 하루 일과 중에서 먹는 시간이 차지하는 비중은 줄어들게 됩니다. 그래야 합니다. 짧은 시간 동안 더 많은 영양을 섭취하고 저장해야 나머지 시간을 탐색하고 경험하는 데 쓸 수 있습니다.

하루 종일 음식을 입에 달고 사는 습관은 좋지 않습니다. 체중이 잘 느는 아이는 자주, 많은 양을 먹어서 비만이 더 심해집니다. 체중이 잘 늘지 않는 아이는 조금씩 자주 먹어서 식욕이 더 떨어집니다. ==잘 안 먹을수록 먹는 시간을 짧게, 먹는 간격은 길게 하여 충분히 배고픈 느낌을 갖도록 도와주어야 합니다.== 끼니와 끼니 사이를 5시간 이상의 간격으로 1~2주 이상 유지해도 식욕에 변화가 없다면 기질적인 요인이 강한 아이입니다. 의사와 상의하여 끼니만 4~5회를 주는 방법을 택할 수 있습니다. 엄마가 임의로, 그것도 달콤한 과자나 과일 또는 우유만 수시로 먹이는 것은 오히려 영양 결핍을 만들고 성장을 더 방해합니다. ==과체중이나 비만인 아이들은 입이 심심해서 먹는 일이 없도록 신경 써야 합니다. 세 끼니에 더해 간식을 꼭 챙겨서 급격하게 배고픔을 느끼는 일이 없도록 도와줍니다.==

음식을 준비하는 엄마 입장에서도 음식 먹는 때와 장소가 일정한 게 더 편합니다. 그리고 정해진 끼니와 간식을 최대한 거르지 않도록 합니다. 특히 아침 식사를 생략하지 마세요.

넷째, 밥 먹는 시간이 즐거울 수 있게 해주세요

기대를 내려놓으면 즐거워집니다. '할당량' 생각을 버립시다. 억지로 먹이지 맙시다. '배고프면 먹겠지, 이번에 안 먹으면 다음에는 먹겠지, 오늘 안 먹으면 내일 먹겠지'라고 생각하는 게 좋습니다. 그리고 그게 자연스러운 일입니다.

- ==식사 시간은 30분이 적당합니다.== 아이의 식사 시간이 30분을 넘지 않도록 합니다. 적당히 이야기하면서 먹어도 30분은 짧은 시간이 아닙니다. 너무 긴 식사 시간은 충분히 먹기 전에 배부른 느낌을 만들게 됩니다.
- ==엄마가 기대하는 양의 절반만 주세요. '이 정도는 먹어야겠다' 싶은 양의 절반만 줍니다. 아이가 더 먹겠다고 하면 그때 나머지를 주도록 합니다.== 이 방법은 잘 안 먹는 아이에게는 성취감을 줍니다. 잘 먹으면, 많이 먹으면 엄마 아빠가 좋아한다는 것을 아이도 알고 있습니다. 노력해도 되지 않는다고 생각되면 포기하게 됩니다. 너무 많이 먹는 아이에게는 포만감을 느낄 시간을 줍니다. 비만인 아이들은 대체로 빨리 먹는 습관이 있습니다. 배부른 느낌을 느끼기 전에 이미 배부를 양 이상으로 먹습니다. 아이의 손을 잡고 천천히 먹일 수 없다면 한끼 식사를 두세 번에 나누어서 주는 것도 방법입니다. 먹을 수 있는 양의 일부만 우선 내놓는 것은 두 경우 모두에 도움이 됩니다.

끼니는 그 자체로 부모가 아이에게 주는 선물입니다. "밥을 다 먹으면 사탕을 줄게"라는 말은 끼니를 '견뎌야 하는' 어떤 것으로 느끼게 만듭니다. 끼니를 먹지 않아 괴로워야 하는 것은 부모가 아니라 아이입니다. 끼니는 물론이고 음식을 보상이나 위안, 선물, 사랑의 표시로 주지 마세요. 아이에게 칭찬이 필요할 때는 사탕이 아닌 칭찬을 해줘야 합니다. 아이에게 위로가 필요할 때 우리는 따뜻한 포옹과 공감의 말 한 마디를 줄 수 있어야 합니다. 같이 끼니를 먹는 일은 일종의 스킨십입니다. 식사 중의 즐거움은 맛있는 음식에서도 얻을 수 있지만 함께 먹는 사람들과의 대화에서도 얻을 수 있습니다. TV를 보며 먹거나 각자 다른 일을 하며 식사를 하는 일을 당연한 일상으로 만들지는 말아야 하겠습니다.

다섯째, 식사 시간의 예의를 가르쳐주세요

끼니를 같이 먹어서 식구라고 한다지요. 사실 같이 사는 가족이라도 대부분의 생활은 어릴 때를 제외하곤 따로따로 합니다. 가족끼리 식사를 함께하지 않는다면 대화를 위해서 일부러 시간을 만들어야 합니다. 한 식탁에 모여 앉아 하루의 안부를 물어 좋은 소식은 축하하고 서로의 고생을 위로합니다. 아이가 독립된 인격체로 성장할수록 의견의 대립은 많아질 것입니다. 가족 모두가 당연하게 만나서 이야기를 나누어야 하는 시간이 있다면 갈등을 풀어낼 기회가 더 많아질 것입니다.

지금 우리 사회는 가족이 함께 식사하는 것도 어렵습니다. 그래도 한 끼는 같이하기 위해 애써봐야 하지 않을까요. 저녁이 어렵다면 아침을 그런 시간으로 시도해보는 것은 어떨까요. 함께 식사를 하면서 대화를 나눌 뿐만 아니라 식사 예절을 가르쳐주는 것도 중요합니다. '같이 해보면 그 사람을 알 수 있는' 활동이 여러 가지 있지요. 그중에 가장 보편적인 것을 꼽으라면 역시 밥을 같이 먹는 일이 아닐까요? 부모가 아니라면 지적하거나 가르치기 어려운 부분입니다.

- 아이가 식사를 먼저 마쳤어도 부모가 식사를 마칠 때까지는 앉아 있도록 합니다. 다른 사람과 속도를 맞추어 적절한 대화와 함께 식사하는 습관을 만들어줍시다.
- 너무 많이, 혼자서만 떠들 때는 주의를 줍니다. 잘 안 먹는 아이에게는 밥을 먹지 않더라도 이 시간에는 식탁에 있어야 한다는 것을 알려줍니다. 너무 많이 먹는 아이에게는 포만감을 느낄 수 있는 시간을 줍니다.
- 많이 먹는 것을 칭찬하지 말고 바른 모습으로 먹는 것을 칭찬해줍시다. 식욕은 아이마다 다르고 매 끼니마다 달라집니다. '할당량' 생각을 지워야 합니다. 배부르다고 말하고 식사를 그만한다면 칭찬해줄 일입니다. 먹기 싫어서 식사 도구나 음식을 가지고 장난치는 것보다는 훨씬 성숙한 행동입니다. 평소보다 너무 적게 먹었다면 간식을 주지 말아야겠지만 그게 벌을 의미하는 것은 아닙니다.
- 식사 도구나 음식으로 장난칠 때도 주의를 줍니다. 이유식 시기에는 먹기 전에 손으로 만

져보는 것이 중요할 수 있습니다. 완벽하지는 않아도 숟가락이나 포크 정도의 식사 도구를 적절히 사용할 수 있는 두 돌이 지난 아이가 음식을 만지작거리며 장난치는 것은 곤란합니다. 이런 경우, 경고는 한 번으로 충분합니다. 배가 고프지 않거나 이미 배가 불러 딴짓을 하는 경우가 대부분이므로 아이의 음식과 식기를 치우고 자리에 앉아서 부모의 식사가 끝날 때까지 기다리도록 하는 것이 좋습니다.

밥상머리에서 아이를 혼내고 소리치는 것은 권할 일이 아닙니다. 부모가 정해준 규칙을 따르지 않고 장난치는 아이는 충분히 배가 고프지 않아서일 가능성이 높습니다. 아이에게 식사를 지속하도록 하는 게 아이를 더 괴롭히는 일입니다. 그리고 좋은 식사 예절을 가르치는 가장 좋은 방법 역시 부모가 모범을 보이는 것이라는 것을 기억하고, 이제 함께 식사를 해볼까요?

꼭 기억하세요!

아이가 올바른 식습관을 갖는 데 필요한 5가지 지침

① 엄마, 아빠가 바르게 식사하는 모범을 보인다 : 식습관뿐만 아니라 일상생활에서, 아이는 부모가 하는 모든 일을 따라한다는 것을 기억하세요.
② 스스로 먹게 한다 : 식사를 부모가 대신 해주는 순간 아이는 다른 놀이를 찾아나선답니다.
③ 간식도 정해진 시간에, 정해진 장소에서 : 모든 식사와 간식은 비교적 일정하게 정해진 시간에, 정해진 장소에서 하는 습관을 들여주세요.
④ 식사 시간은 30분 내외, 양은 적절하게 : 30분이라면 너무 길지도, 짧지도 않게 포만감을 느끼며 즐겁게 식사를 할 수 있는 시간입니다. 음식의 양은 엄마가 기대하는 양의 절반만 줘보세요. 잘 안 먹는 아이에게는 성취감을, 너무 많이 먹는 아이에게는 포만감을 느낄 시간을 줍니다.
⑤ 식사 예절을 가르친다 : 가족이 함께 식사를 하며 아이가 자연스럽게 식사 예절을 익힐 수 있도록 해주세요.

요리하는 엄마의 식재료와 도구 안내

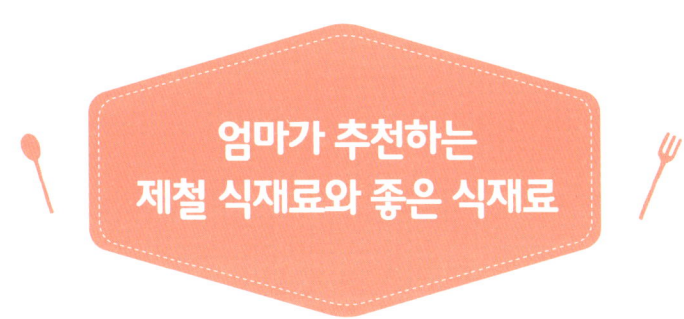

제철에 나오는 식재료만큼 좋은 보양재료는 없습니다. 계절에 맞는 음식은 아이의 성장과 발달에 도움이 되지요.

사계절에 나오는 대표적인 제철 식재료와 좋은 식재료를 고르는 방법을 소개해드립니다. 레시피에 소개한 재료가 집에 없더라도 제철 재료로 응용해서 맛있는 아이밥을 만들어주세요.

봄

◎ **우엉** : 곁에 뿌리가 없고 매끈하며 마르지 않은 것을 고른다. 보관할 때는 건조해지지 않도록 신문에 싸서 보관한다.

◎ **바지락** : 껍질이 깨지지 않고 표면이 거칠며 윤기가 돌고 불순물이 나오지 않은 것을 고른다. 봉지 바지락은 따로 해감하지 않아도 되니 봉지 속 물이 깨끗한지만 확인한다. 구입 후 되도록 빨리 먹고 하루 이상 보관하지 않도록 한다.

◎ **주꾸미** : 주꾸미는 몸통에 검은빛이 돌고 빨판이 동글하고 가지런한 것이 좋다. 또한 미끈

거리지 않고 눈알이 툭 튀어나온 것이 좋다. 해산물은 하루 이상 냉장 보관하지 않고 구입 후 빨리 먹도록 한다.

◎ **딸기** : 색이 진하고 윤기가 돌며 씨가 고르게 박혀 있고, 꽃받침이 뒤집어진 것을 고른다. 씻지 않고 꼭지를 떼지 않은 상태로 랩에 싸서 보관해야 곰팡이가 피지 않고 오래 보관할 수 있다.

여름

◎ **토마토** : 과실이 크고 단단하며 붉은빛이 선명하게 도는 것을 고른다. 통풍이 잘되는 곳에 보관하는 게 좋다.

◎ **옥수수** : 겉잎이 푸르고 마르지 않은 것을 고른다. 알이 촘촘하고 단단한 것이 맛있다. 옥수수는 쪄서 냉동 보관을 해야 오래 두고 먹을 수 있다. 이때 옥수수 잎을 한두 장 남기고 찌면 수분 손실을 막을 수 있다.

◎ **고구마** : 껍질의 색이 진하고 상처가 없는 것을 고른다. 퍽퍽하지 않은 고구마를 먹고 싶으면 수염뿌리가 너무 많지 않은 것으로 고른다. 고구마 역시 통풍이 잘되는 곳에 보관하는 것이 좋다.

◎ **감자** : 표면이 매끄럽고 상처가 없는 것을 고른다. 싹이 나거나 푸른빛이 도는 것은 독성이 있을 수 있으니 피하고, 모양이 둥글고 단단한 것을 구입한다. 통풍이 잘되는 곳에 보관하며 사과와 함께 보관하면 싹이 나는 것을 방지할 수 있다.

가을

◎ **홍합** : 껍질이 깨지지 않고 윤기가 돌며 매끈한 것을 고른다. 홍합살은 색이 붉고 살이 통통한 것을 고른다. 조개류는 상하기 쉬우므로 구입 후 빨리 먹는 것이 좋다.

◎ **사과** : 껍질이 젖지 않고 거친 느낌이 드는 것으로 고른다. 단단하고 무거운 사과가 맛있는 사과다. 보관할 때는 하나하나 밀봉해서 냉장 보관한다. 사과에서 나오는 에틸렌가스가 다른 과일을 빨리 익게 하므로 꼭 따로 보관한다. 반대로 덜 익은 과일을 숙성시키고 싶으면 사과와 같은 봉지에 넣어 보관한다.

◎ **배추** : 속이 꽉 차고 노란 부분이 많은 것을 고른다. 잎이 두꺼우면 단맛이 더 많이 우러나니 잎의 두께도 확인해서 구입한다. 신문으로 배추를 말아 세워서 냉장 보관하면 신선하게 보관할 수 있다.

◎ **무** : 초록색 부분이 많고 몸통이 통통하고, 뿌리 부분이 동그란 것이 좋다. 흙이 묻은 상태로 신문지에 싸서 통풍이 잘되는 곳에 보관한다.

겨울

◎ **굴** : 빛깔이 밝고 우윳빛이 선명하게 도는 것을 고른다. 가장자리 검은 부분의 색이 진하고 미끈거리는 점액질이 없어야 한다. 굴은 구입 후 빨리 먹는 것이 좋다.

◎ **매생이** : 색이 진하고 윤기가 도는 것을 고른다. 이때 매생이 특유의 향이 나는지 확인하는 게 좋다. 먹기 좋은 분량으로 나눠 냉동 보관했다 필요할 때 꺼내 쓴다.

◎ **시금치** : 색이 진하고 시든 잎이 없으며 잎이 넓고 단단한 걸로 구입한다. 물을 살짝 묻혀 신문에 싸서 냉장 보관하면 오래 두고 먹을 수 있다.

◎ **브로콜리** : 색이 진하고 단단하며 가운데 부분이 봉긋하게 올라온 것이 좋다. 상온에 두면 꽃이 피기 쉬우므로 살짝 익혀서 냉장 보관한다.

엄마표 국물

여러 가지 천연 재료를 이용해 요리에 쓸 국물을 미리 만들어두고 활용하면 더 맛있는 유아식을 만들 수 있습니다. 그러나 꼭 해야 한다는 강박관념은 버리세요. 미리 만들어둔 국물을 넣으면 맛이 더 풍부해지지만 조리 과정에서도 음식 재료에서 자연스럽게 국물이 만들어지니까요. 국물 만들기 자체가 엄마들에게 부담이 되지 않기를 바랍니다. 국물을 미리 만들어두는 게 힘들다면 국물 주머니를 만들어 국물이 필요할 때마다 꺼내서 사용해도 괜찮습니다.

소고기육수

재료 소고기(양지) 100g, 대파 20g, 물 720mL

만드는 법
❶ 소고기는 찬물에 담가 핏물을 제거한다.
❷ 끓는 물에 소고기와 대파를 넣고 센 불에서 끓인다.
❸ 끓기 시작하면 불을 줄이고 약한 불로 15~20분 정도 끓인다.
❹ 육수가 우러나면 소고기는 건져내고 육수만 식힌다.
❺ 기름을 걷어내고 병이나 통에 담아 보관한다.

닭고기육수

재료 닭 다리 2개, 대파 20g, 물 720mL

만드는 법
❶ 닭 다리는 껍질을 제거한다.
❷ 끓는 물에 닭 다리와 대파를 넣고 센 불에서 15~20분간 끓인다.

❸ 육수가 우러나면 닭고기는 건져내고 육수만 식힌다.
❹ 응고된 기름을 걷어내고 병이나 통에 담아 보관한다.

멸치국물

재료 국물용 멸치 100g, 무 20g, 물 720mL

만드는 법 ❶ 국물용 멸치는 내장과 머리를 제거하고 마른 팬에 한 번 볶아서 사용한다.
❷ 물에 멸치와 무를 넣고 센 불에서 끓인다.
❸ 끓기 시작하면 불을 줄이고 약한 불에서 20분간 끓인다.
❹ 국물이 우러나면 식힌 뒤 체에 걸러 불순물을 제거하고 병이나 통에 담아 보관한다.

국물 주머니

재료 밴댕이 · 다시마 각 15g, 건새우 10g

만드는 법 ❶ 내장을 제거한 밴댕이와 건새우, 다시마를 천으로 만든 주머니에 넣어 일회용 국물 주머니를 만든다.
❷ 만들어둔 국물 주머니를 냉동실에 보관하며 국물이 필요할 때마다 하나씩 꺼내 사용하면 된다.

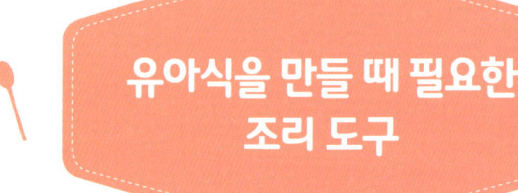

유아식을 만들 때 필요한 조리 도구

1. 계량컵

국물이나 액체 재료를 정확하게 계량할 수 있는 컵으로, 내열 제품을 사용하는 게 좋다. 용량은 500mL가 많이 쓰이며 계량컵이 있으면 국물요리를 할 때 적정량을 넣을 수 있다.

2. 계량스푼

계량스푼은 정해진 분량의 재료를 넣기에 편하다. 이 책에서도 계량스푼을 기준으로 조리법이 작성되었다. 재료의 상태(액체냐 가루냐)에 따라 양이 조금씩 달라지니 되도록 계량스푼을 사용한다. 보통 1큰술, 1작은술, 1/2작은술, 1/4작은술로 구성되어 있다.

3. 미니 도마

유아식을 만들 때 미니 도마가 있으면 재료 손질이 편하다. 대부분 적은 양의 식재료가 쓰이기 때문에 미니 도마를 사용하면 손질이 쉽고 설거지 역시 편하다.

4. 미니 프라이팬

한 끼 분량의 적은 양의 음식을 만들 때 너무 큰 프라이팬보다는 미니 프라이팬이 좋다. 그래야 기름도 적게 쓰고, 음식이 쉽게 타는 것을 방지할 수 있다.

5. 알뜰주걱

볶음요리나 죽을 만들 때 꼭 필요한 알뜰주걱은 크기별로 사용하면 좋다. 실리콘 재질로 된 것을 구입하면 조리 도구의 손상을 최소화할 수 있다.

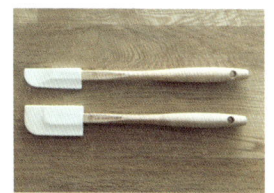

6. 실리콘 찜기

유아식은 재료를 찌는 조리법이 많은데, 그럴 때 환경호르몬이 나오지 않고 사용하기 편한 실리콘 찜기를 추천한다.

7. 실리콘 큐브트레이

입자가 작은 요리를 주로 하는 유아식의 경우, 재료를 손질해서 큐브트레이에 넣어 냉동실에 보관했다 꺼내 쓰면 편하다. 일반 플라스틱보다는 실리콘 재질이 재료를 빼서 쓰기 편하다.

8. 전자저울

전자저울은 베이킹과 같이 재료의 정확한 계량이 필요한 요리를 할 때 꼭 필요하다. 재료의 양을 측정하고 가늠할 수 있으며 보통 1~2kg 내외의 용량을 추천한다.

9. 키친브러시

감자나 당근 같은 흙이 많은 식재료를 닦을 때 사용하면 좋다. 키친브러시는 하나쯤 가지고 있으면 편하게 재료 손질을 할 수 있다.

10. 타이머

면을 삶을 때나 베이킹을 할 때 타이머를 쓰면 좋다. 특히 쉽게 퍼지는 음식은 타이머를 설정해두면 적당한 타이밍에 요리를 진행할 수 있어서 편하다.

유아 식기 및 조리 도구 구입처

유아식을 시작하면 식판, 국그릇 등 다양한 유아용 식기를 따로 마련해야 합니다. 유아용 식기는 깨지지 않고 환경호르몬이 검출되지 않는 안전한 재료로 만들어진 제품을 골라야 해요. 조리 도구 및 책에 실린 다양한 그릇을 구입할 수 있는 곳을 소개합니다.

◎ **따뜻한식탁** www.warm-table.co.kr
유아 식기, 피크닉 재료와 조리 도구를 구입할 수 있는 사이트로, 제품의 종류와 범위가 다양해 엄마가 필요한 조리 도구, 아이에게 필요한 식기 등을 한자리에서 구입할 수 있다.

◎ **스윗자카** www.sweetzakka.com
엄마가 직접 운영하는 사이트답게 아이가 필요하고 좋아하는 제품들이 다양하게 준비되어 있다. 특히 국내에서 쉽게 볼 수 없는 제품들이 입고되어 감각 있고 발 빠른 엄마들이 좋아하는 사이트다.

◎ **하울스홈** www.haulshome.com
다양한 브랜드의 제품과 핸드메이드 그릇을 만날 수 있는 곳. 오프라인숍도 함께 운영 중이다. 유아 식기부터 북유럽, 한국 제품이 많고, 편리한 조리 도구도 다양하게 구비되어 있다.
(경기도 고양시 일산서구 탄중로 101번길 41)

◎ **어라운드테이블** www.aroundtable.co.kr
다양한 리빙 제품들을 만나볼 수 있는 편집숍으로, 유아 식기부터 인테리어소품, 액세서리까지 다양하게 구비되어 있다. 대부분 수입 제품이나 핸드메이드 제품으로 유행에 민감한 상품들이 발 빠르게 입고된다.
(대전시 유성구 원신흥남로 34)

◎ **루밍** www.rooming.co.kr
인테리어·리빙 편집숍으로 해외 유명 키즈 라인의 식기를 만나볼 수 있다. 식기뿐 아니라 아이용품에 관심 있는 엄마들에게 인기가 많은 곳이다.
(서울시 서초구 서래로 6)

◎ **어반하우스** www.urban-house.co.kr
엄마들이 사용하기 좋은 조리 도구 및 소분용기가 많아 재료 손질 및 저장에 관련된 제품을 구입할 수 있다. 아이 살림부터 엄마 살림까지 만나볼 수 있는 곳이다.

◎ **자주** living.sivillage.com
한국형 리빙숍으로 아이 관련 식기와 제품들을 손쉽게 구입할 수 있다. 오프라인숍, 온라인숍을 통해 구입이 가능하며 미니멀한 디자인, 합리적인 가격으로 엄마들에게 사랑받는 곳이다.

×××××××× CHAPTER 2 ××××××××

하루를 시작하는 에너지,
아침

××××××××××× 의사 아빠의　아침 식사에 대한 조언 ×××××××××××

　이유를 곰곰이 생각해본 적 없더라도 대부분의 사람들은 아침 끼니가 중요하다고 알고 있지요. 그래서 아침 끼니를 준비하지 못하는 엄마는 가족에게 막연한 죄책감을 가지기도 합니다. 아침 끼니를 챙기는 일은 쉽지 않습니다. 다른 가족보다 일찍 일어나야 하고 이를 위해 일찍 잠들거나 수면 시간을 줄여야 합니다. 하지만 아침 끼니는 그런 수고를 들일 가치가 있습니다. 그 이유와 아침 식사를 좀 더 수월하게 준비할 수 있는 방법들을 살펴보겠습니다.

아침의 영양 공급은 아이의 기억력과 집중력을 더 좋게 만든다
　아침 식사는 건강한 생활의 출발점입니다. 하루 일과에서 가장 긴 공복 후의 끼니이므로 영양 공급적인 면은 당연히 중요합니다. 아침 식사는 적절한 체중을 유지하도록 돕습니다. 하루의 나머지 끼니에서 폭식하는 것을 예방하고 더 균형 잡힌 영양을 공급받을 수 있게 합니다. 아침 식사는 아이를 안정시키고 덜 짜증나고 덜 보채게 합니다. 아침의 영양 공급은 아이의 기억력과 집중력을 더 좋아지게 만듭니다.

아침 식사는 하루의 시작을 여유롭게 한다
　아침 끼니를 챙기는 일은 다른 면에서도 중요합니다. 아침 식사가 일상적인 가정에서는 하루의 시작을 여유롭게 할 수 있습니다. 허둥지둥 유치원에 보내고 급하게 출근하지 않아도 됩니다. 아침 식사를 하기 위해서는 일찍 자고 일찍 일어나야 하기 때문에 준비된 상황에서 여유롭게 하루를 시작하는 습관을 기를 수 있습니다. 아이가 자랄수록 저녁 식사를 함께하기 어려워집니다. 아

침 식사를 가족의 시간으로 정한다면 아이가 자라서도 이를 지속하기 수월할 것입니다.

아침을 간편하게 차리는 방법

영양에서나 좋은 생활 습관을 기르는 면에서나 아침 끼니는 번잡하게 차리지 않고 간단하게 먹더라도 전혀 먹지 않는 것보다는 나은 일입니다. 조금이라도 더 간단하게 준비할 수 있다면 아침 식사를 일상화하는 데 도움이 되겠지요.

- 생일처럼 특별한 날이 아니라면 간단하게 준비할 수 있는 메뉴가 더 좋습니다. 단위 부피당 영양 면에서는 조금 부족할 수도 있지만 죽이나 따뜻한 우유와 함께하는 뮤즐리 등이 먹기도 편합니다.
- 아침 끼니 재료를 전날 저녁에 미리 준비하는 방법도 있습니다. 샌드위치 재료, 삶은 계란이나 과일을 미리 잘라서 보관용 식기에 담아두고 아침에는 먹기만 하면 됩니다.

아침 끼니를 가족이 늘 함께하기는 힘들 겁니다. 늦잠을 잘 수도 있고 어떤 날은 일정이 일찍 시작될 수도 있으니까요. 그럴 때는 들고 다니면서 먹을 수 있는 음식도 좋습니다. 그래도 안 먹는 것보다는 나은 일입니다. 삶은 계란 하나, 먹기 좋게 썰어놓은 사과, 계란 프라이나 야채 오믈렛을 넣은 토스트, 머핀이나 베이글 한 조각도 나쁘지 않습니다.

아침

단호박수프

어른도 아침에는 입맛이 없을 때가 있죠. 아이들도 마찬가지랍니다. 그래서인지 아이들이 아침에 식사를 거부할 때가 많은 것 같아요. 그럴 때는 부드럽고 고소한 단호박수프를 만들어주세요. 부담스럽지 않고 든든하게 먹을 수 있어서 아침 메뉴로 안성맞춤입니다.

재료 준비   단호박 1/2개, 양파 1/4개, 우유 200mL, 생크림 100mL, 버터 20g

1. 단호박은 1/2개를 껍질째 삶은 뒤 껍질을 제거하고 양파는 0.5mm 크기로 길게 썰어 준다.

2. 달군 냄비에 버터를 넣고 녹인다.

3. 2에 양파를 넣고 갈색빛이 돌 때까지 충분히 볶는다.

4. 우유와 생크림을 넣고 7~8분간 끓인다.

5. 4에 1의 단호박을 넣어 5~7분간 끓인다.

6. 5가 끓어오르면 핸드블렌더를 이용해 곱게 갈아준 뒤 한소끔 더 끓여 완성한다.

Tip

단호박은 노란 호박 속 부분이 아래를 향하게 놓고 쪄야 물이 생기지 않아요.

하루를 시작하는 에너지, 아침

아침

옥수수수프

옥수수수프는 아침 메뉴로 부담 없고 달콤해서 아이들도 좋아합니다. 특히 옥수수를 보기 힘든 겨울, 아침 식사로 내놓으면 그 맛이 꿀맛이라 어느새 "한 그릇 더!"를 외칠 거예요. 옥수수가 제철일 때 쪄서 냉동실에 얼려두면 언제든 간편하게 쓸 수 있어요.

재료 준비 옥수수 1개(옥수수 알갱이 200g), 우유 200mL, 생크림 50mL

1

옥수수 알갱이를 체에 밭쳐 물기를 뺀다.
※ 통조림 옥수수는 끓는 물에 한번 데쳐서 준비합니다.

2

냄비에 옥수수, 우유, 생크림을 넣고 뭉근하게 끓인다.

3

약간 되직해졌을 때 핸드블렌더를 이용해 옥수수 알갱이를 곱게 갈아주면 완성이다.

아침

가지소고기죽

소고기죽을 만들 때 채소를 넣으면 제철 채소도 먹일 수 있고 단백질 보충도 가능합니다. 특히 가지는 소고기와 궁합이 좋아 함께 먹으면 맛도 좋고 영양도 챙길 수 있는 훌륭한 식사가 완성됩니다.

재료 준비 다진 소고기 40g, 가지 35g, 불린 쌀 50g, 소고기육수 500mL, 참기름 약간

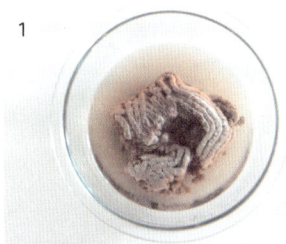

소고기는 1시간 정도 차가운 물에 담가 핏물을 제거한다.

가지는 곱게 다져서 준비한다.

냄비에 참기름을 두르고 소고기를 볶는다.

3에 가지를 넣고 함께 볶는다.

4에 불린 쌀과 육수를 넣고 저어가면서 쌀이 푹 퍼질 때까지 끓인다.

아침

감자닭고기죽

감자는 소화가 잘되는 식재료로, 유아식 초기에 어울립니다. 닭고기는 따뜻한 성질이 있어 죽으로 만들면 유아기 아이가 먹기에 아주 적당하답니다.

재료 준비　　닭고기 안심 25g, 감자 25g, 불린 쌀 50g, 닭고기육수 500mL, 참기름·후추 약간

1. 감자를 먹기 좋게 다진다.

2. 닭고기 안심은 삶은 뒤 식혀서 결대로 찢어 둔다.

3. 참기름을 두른 냄비에 감자를 먼저 볶다 후추를 넣어 향을 낸다.

4. 감자가 반쯤 익으면 불린 쌀을 넣고 살짝 볶은 뒤, 준비해둔 닭고기육수를 넣는다.

5. 4에 닭고기를 넣고 쌀이 푹 퍼질 때까지 저어가며 끓인다.

아침

게살죽

유난히 기운이 떨어질 때 게살죽 한 그릇이면 힘이 솟지요. 게는 지방이 적고 단백질이 많은데다 필수아미노산도 풍부해 자라나는 아이들에게 좋습니다. 특히 면역력이 떨어지는 겨울철에 뜨끈한 게살죽을 만들어주면 아이 건강도 챙기고 밥 걱정도 덜게 됩니다.

재료 준비 불린 쌀 50g, 게살 20g, 양파·표고버섯·브로콜리 각 5g, 물 500mL

게살은 살짝 데친 후 잘게 찢어 준비하고, 양파, 표고버섯, 브로콜리는 곱게 다진다.

불린 쌀을 냄비에 넣고 물을 부은 후 쌀이 살짝 퍼질 때까지 센 불에서 끓인다.

2에 양파, 표고버섯, 브로콜리를 넣고 10분간 끓이다가 마지막에 게살을 넣고 중불에서 10분 더 끓인다. 중간중간 죽이 눌어붙지 않도록 저어준다.

쌀이 푹 퍼지도록 끓이면 완성이다.

아침

근대된장소고기죽

철분은 아기의 성장에 큰 역할을 하지요. 붉은색 소고기는 철분 함량이 아주 높습니다. 유아식 시기로 접어들면 이유식 시기 때만큼 소고기를 자주 먹이기가 어려워집니다. 그럴 때 아침 식사로 소고기죽을 만들어주면 아이도 부담 없이 먹고 철분 보충도 할 수 있어요.

재료 준비 다진 소고기 45g, 데친 근대 35g, 불린 쌀 50g, 소고기육수 500mL, 미소(일본 된장) 1/4작은술, 참기름 약간

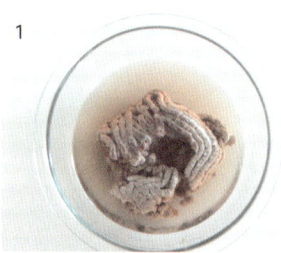

1. 소고기는 1시간 정도 차가운 물에 담가 핏물을 제거한다.

2. 냄비에 참기름을 두른 뒤 소고기를 볶는다.

3. 2에 불린 쌀과 육수를 넣고 바닥이 눌어붙지 않게 저어가며 끓인다.

4. 쌀이 어느 정도 풀어지면 미소(일본 된장)를 넣고 끓인다.

5. 데친 근대를 다져 4에 넣고 한소끔 끓이면 완성된다.

Tip

미소의 양은 아이의 상태에 따라 조절해주세요. 아직 간을 하지 않는 아이라면 양을 아주 적게 넣고, 간이 된 음식을 먹는 아이라면 아주 약간만 넣어 민감한 아이의 입맛을 자극하지 않도록 합니다.

아침

단호박대구살죽

단호박과 대구살을 넣은 죽은 첫째 아이가 이유식 시기에 참 잘 먹던 메뉴입니다. 식감이 부드러워 아침에 먹기 좋은 메뉴라 유아식을 시작한 이후에도 자주 내놓습니다. 단호박을 삶아서 넣는 대신 작게 잘라 죽을 만들면 너무 퍼지지도 않고 단호박의 질감을 즐길 수 있어 좋아요.

재료 준비 | 단호박 40g, 대구살 50g, 불린 쌀 50g, 다시마국물 500mL, 참기름 약간

1. 단호박을 잘게 잘라 준비한다.
※ 단호박은 워낙 단단해서 썰기 어려운 식재료입니다. 칼질에 유의하세요.

2. 달군 냄비에 참기름을 두르고 물기를 짠 대구살을 넣어 볶는다.

3. 대구살이 살짝 익으면 1의 단호박을 함께 넣고 볶는다. 이때 단호박을 다 익힐 필요 없이 매끄럽게 섞일 때까지만 볶는다.

4. 3에 다시마국물을 절반 정도 넣고 불린 쌀을 넣은 뒤 주걱으로 저어가며 섞는다.

5. 남은 다시마국물을 넣은 뒤 쌀이 푹 퍼질 때까지 끓이면 된다.

> **Tip**
> 죽을 끓일 때 너무 많이 저으면 단호박과 쌀이 지나치게 퍼져서 떡 같은 죽이 됩니다. 바닥만 살짝 긁어가면서 냄비에 눌어붙지 않을 정도로만 저어주세요. 그게 바로 진밥처럼 죽을 만드는 노하우입니다.

하루를 시작하는 에너지, 아침

아침

매생이죽

우연히 매생이죽을 주었는데, 아이가 매생이를 좋아한다는 걸 알게 되었어요. 제가 매생이를 즐겨 먹지 않아 아이한테도 줄 생각을 하지 않았는데, 아이와 엄마는 별개의 인격체인 만큼 식성도 다르다는 걸 깨달았습니다. 편식 없는 아이로 자라기 위해서는 다양한 식재료를 맛봐야 하기에 엄마가 꺼리는 식재료라도 아이에게는 한번 맛보게 해주세요.

 **재료 준비** 매생이 50g, 멥쌀·불린 찹쌀 각 25g, 참기름 1큰술, 물 500mL, 국간장 1/4작은술

1. 매생이는 흐르는 물에 씻은 뒤 물기를 꼭 짠다. 이때 남은 매생이는 냉동 보관한다.

2. 냄비에 참기름을 두르고 불린 쌀을 넣은 후 쌀이 투명해질 때까지 볶는다.

3. 물을 넣고 쌀이 퍼질 때까지 끓인다.

4. 매생이를 넣고 한소끔 끓인 뒤 국간장으로 간을 맞춘다.

Tip

매생이는 처음부터 넣어서 끓이면 색이 변하니 조리 과정 마지막에 넣습니다. 이때 너무 빨리 불을 끄면 비린내가 나니 한소끔 푹 끓여주세요.

아침

미역소고기죽

철분이 많은 소고기와 칼슘이 풍부한 미역은 성장기 유아에게도 참 좋은 식재료이자 궁합이 잘 맞는 재료들이죠. 미역소고기죽은 입맛이 없을 때나 아기 생일날 아침 온 가족이 함께 먹을 수 있어 좋습니다.

 **재료 준비**　미역 80g, 다진 소고기 50g, 불린 쌀 50g, 물 450mL, 들기름 약간, 국간장 1/4작은술

1. 냄비에 들기름을 두르고 다진 소고기를 달달 볶는다.

2. 1에 불린 미역을 작게 잘라 넣은 뒤 살짝 볶는다.

3. 2에 불린 쌀을 넣고 볶다가 물을 붓고 쌀이 푹 퍼질 때까지 끓인다.

4. 마지막으로 국간장으로 간을 맞추고 한소끔 끓여내면 완성된다.

아침

바지락양배추죽

해산물에는 단백질과 여러 가지 영양소가 풍부하기 때문에 유아식을 준비할 때 잘 활용하면 좋습니다. 다른 식재료에서 느낄 수 없는 맛이 천연조미료가 되어 아이의 입맛을 돋아줄 수 있거든요. 바지락은 양질의 단백질을 함유하고 있어 성장기 아이에게 좋습니다. 소화가 잘되고 단맛이 나는 양배추와 함께라면 해산물의 짠맛을 완화하면서 더욱 다양한 맛을 느낄 수 있어요.

재료 준비 바지락살 35g, 양배추 30g, 불린 쌀 50g, 다시마국물 500mL, 레몬즙 1/4작은술, 참기름·후추 약간

양배추는 먹기 좋게 다져서 준비한다.

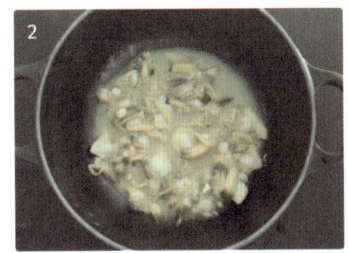

냄비에 바지락살과 후추, 레몬즙을 넣고 끓여 익힌다.

2에 참기름을 살짝 두르고, 양배추를 넣어 숨이 죽을 때까지 볶는다.

불린 쌀을 넣고 살짝 볶다가 국물을 붓고 10~15분간 끓인다.

쌀이 푹 퍼질 때까지 저어가며 끓인다.

아침

버섯들깨죽

들깨는 뛰어난 알칼리성 식품으로 오메가3 지방산이 풍부해 아이의 두뇌 발달에 좋아요. 고소하면서도 맛이 좋아 우리 아이도 참 잘 먹는 메뉴입니다. 어떤 버섯을 선택하든 큰 상관은 없지만 죽을 끓일 때는 표고버섯, 볶음을 할 때는 느타리버섯을 주로 이용해요. 표고버섯은 향이 좋기 때문에 끓이는 조리법에 잘 어울린답니다.

 **재료 준비** 표고버섯 25g, 물 1작은술, 불린 쌀 50g, 다시마국물 500mL, 미소 1/2작은술, 들깻가루 1큰술, 올리브유·참기름 약간

1. 표고버섯은 먹기 좋은 크기로 다진다.

2. 냄비에 올리브유를 넣고 다진 버섯과 물을 넣고 함께 살짝 볶는다.

3. 2에 불린 쌀과 참기름을 넣고 충분히 볶는다.

4. 3에 다시마 국물을 붓고 저어가며 끓인다.

5. 미소를 풀고 쌀이 퍼질 때까지 끓인다.

6. 마지막으로 들깻가루를 넣고 한 번 쓱 섞어 마무리한다.

아침

감자다시마샌드위치

보들보들한 감자와 식이섬유가 풍부한 다시마를 샌드위치 속에 쏙 넣어볼까요? 다시마가루를 사용하기 때문에 아이들은 다시마가 들어 있는지조차 모를 거예요. 감자다시마샌드위치는 영양이 풍부할 뿐만 아니라 아이들이 싫어하는 다시마를 함께 먹일 수 있어 유아기 아이에게는 아주 좋은 아침 식사가 된답니다.

 **재료 준비** 식빵 2장, 감자 50g, 오이·당근 각 30g, 마요네즈·플레인 요거트 각 1작은술, 꿀 1/2작은술, 다시마가루 1/4작은술

1. 감자는 푹 삶아 익힌 후 뜨거울 때 곱게 으깬다.

2. 으깬 감자에 마요네즈와 플레인 요거트, 꿀을 넣고 골고루 섞는다.

3. 당근과 오이는 곱게 다진다.

4. 2에 당근과 오이를 넣고 골고루 섞는다.

5. 다시마가루를 넣고 섞는다.

6. 가장자리를 자른 식빵 위에 5의 속 재료를 넣으면 샌드위치가 완성된다.

아침

바나나치즈롤샌드위치

아기에게 주는 첫 과일로 사과나 바나나를 선택하는 경우가 많습니다. 바나나는 으깨서 주고 사과는 갈아서 주는 식이지요. 그러다가 유아식을 먹을 즈음이 되면 아기는 어느새 바나나를 그대로 들고 먹게 됩니다. 그럴 때 식빵에 바나나를 넣어 샌드위치로 말아주면 충분한 한 끼 식사가 된답니다.

재료 준비 | 바나나 1개, 식빵 1장, 치즈 1장, 딸기잼 약간

식빵은 가장자리를 자른 뒤 밀대로 밀어 얇게 펴준다.

식빵 안쪽에 딸기잼을 얇게 펴 바른다.

딸기잼을 바른 식빵 위에 치즈 한 장을 올린다.

바나나를 반으로 잘라 올린 뒤 김밥 말듯 만다.

랩으로 샌드위치를 싸서 모양을 잡아준다. 5분쯤 그대로 둔 후 먹기 좋은 크기로 썬다.

아침

에그샌드위치

아이들이 좋아하는 달걀로 온 가족이 함께 즐길 수 있는 에그샌드위치를 만들어보세요. 달걀을 으깨는 단순한 작업을 아이와 함께한다면 스스로 만들었다는 성취감에 더욱 맛있게 샌드위치를 먹을 거예요.

재료 준비 삶은 달걀 1개, 식빵 2장, 치즈 1장, 파프리카·당근 각 10g, 마요네즈 25g, 소금·후추 약간

삶은 달걀은 흰자와 노른자를 구분해 으깨고, 당근과 파프리카는 곱게 다진다.

1의 재료에 마요네즈와 소금, 후추를 넣은 뒤 버무려 속 재료를 완성한다.

식빵 안쪽에 치즈를 1장 얹고 그 위에 속 재료를 펴바른다.
※ 식빵 가장자리를 먼저 잘라주세요.

남은 식빵을 얹어서 샌드위치를 완성한다. 랩으로 싸두었다가 먹을 때 먹기 좋은 크기로 자른다.

아침

콩가루치즈샌드위치

좀 더 간편하면서도 맛있는 샌드위치를 만들어줄 순 없을까 고민하는데, 콩가루가 눈에 들어왔어요. 콩가루를 이용해 고소하면서도 씹는 맛이 느껴지는 샌드위치를 만들어줬습니다. 아이가 좋아하니 엄마는 지켜보기만 해도 덩달아 기분이 좋아집니다.

재료 준비 식빵 2장, 견과류 10g, 꿀 20g, 버터 5g, 콩가루 1작은술, 치즈 1장

견과류를 다진 다음 꿀과 버터, 콩가루를 함께 섞는다.

식빵 한 쪽에 1을 골고루 펴바르고, 다른 식빵에는 치즈를 올려 겹친다. 그런 다음 180도로 예열한 오븐에 10분간 구우면 완성이다.

아침

단호박찜케이크

아침에 빵을 즐겨 먹는다면 찜케이크를 만들어보세요. 쌀가루로 만들어 위에 부담이 가지도 않고, 오븐 없이도 쉽게 만들 수 있어서 엄마를 능력자로 만들어주지요. 빵보다는 든든하고 떡보다는 부담스럽지 않아요.

재료 준비   으깬 단호박 60g, 박력쌀가루 120g, 베이킹파우더 4g, 달걀 1개, 우유 60mL, 황설탕 30g, 포도씨유 40g, 호박씨 약간
*머핀컵 4개 분량

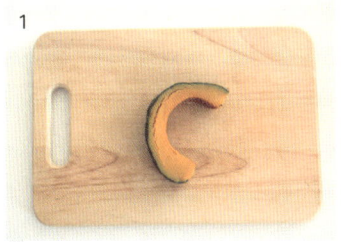

1
단호박은 찐 다음 껍질을 제거하고 호박 속만 으깬다.
※ 단호박을 찔 때는 노란 호박 속 부분을 아래쪽으로 둬야 물이 생기지 않습니다.

2
달걀을 풀고 설탕을 넣은 후 거품기로 충분히 섞는다.

3
포도씨유를 조금씩 넣어가면서 섞는다.
※ 베이킹에 사용하는 오일은 올리브유처럼 향이 강한 오일 대신 포도씨유가 좋습니다.

4
우유를 넣고 충분히 섞는다.

5
으깬 단호박을 넣고 골고루 섞는다.

6
체로 친 박력쌀가루와 베이킹파우더를 넣고 거품기로 골고루 섞는다.

7
머핀컵에 반죽을 70% 정도만 담고, 호박씨를 얹는다.

8
예열해둔 찜기에 반죽을 넣고 20분간 찌면 완성된다.

Tip
케이크를 찔 때는 꼭 면보를 덮고 뚜껑을 닫아야 합니다. 그래야 물기가 찜 케이크로 직접 떨어지지 않아요.

아침

바나나찐빵

아침에 무언가를 먹는 것을 부담스러워하는 사람이 의외로 많습니다. 칼륨이 풍부한 바나나를 넣어 만든 찐빵이라면 누구에게나 아침으로 제격이지요. 아이는 물론 어른도 간단하게 갓 만든 따뜻한 빵에 우유 한 잔으로 든든한 아침을 챙길 수 있습니다. 오븐이 없어도 20분이면 뚝딱 만들 수 있답니다.

 **재료 준비**   바나나 1개, 중력분 100g, 베이킹파우더 1/2작은술, 우유 100mL, 아가베시럽 20g
*머핀컵 4~5개 분량. 틀의 크기에 따라 조금씩 차이가 납니다.

1. 잘 익은 바나나 1개를 으깬다.

2. 우유에 아가베시럽을 넣고 섞는다.

3. 2에 체에 내린 중력분과 베이킹파우더를 넣고 거품기로 섞는다.

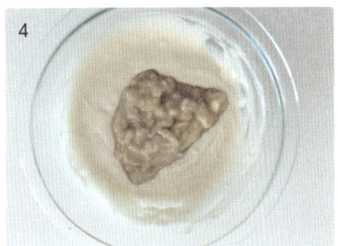

4. 3의 반죽에 1의 으깬 바나나를 넣고 가볍게 섞으면 반죽이 완성된다.

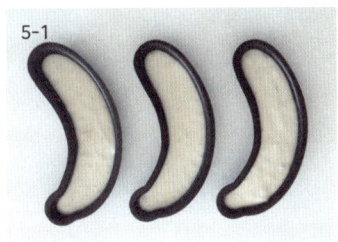

5. 반죽을 틀에 붓고 찜기에 넣어 15~20분간 찐다.

> **Tip**
> 찜기는 반죽을 넣기 전 10분 이상 예열을 합니다. 그래야 찐빵이 제대로 부풀고 잘 익어요.

아침

엄마표팬케이크

시판되는 믹스 제품 대신 엄마가 직접 재료를 준비해서 팬케이크를 만들어보는 건 어떨까요? 재료만 미리 사다놓으면 생각보다 어렵지 않아요.

 **재료 준비**　중력분 100g, 베이킹파우더 1/2작은술, 달걀 1개, 우유 40mL, 플레인 요거트 80g, 꿀 20g, 버터 14g
*팬케이크 5~6장 분량

1. 푼 달걀에 꿀을 넣고 섞는다.

2. 1에 플레인 요거트를 넣고 골고루 섞는다.

3. 중탕으로 녹인 버터를 조금씩 부어가며 섞는다.

4. 체로 친 중력분과 베이킹파우더를 넣고 거품기를 이용해 섞어준다.

5. 우유를 넣어 반죽을 조절한다. 반죽을 떠서 올렸을 때 자국이 3~4초 동안 남았다 사라질 정도면 적당하다.

6. 달군 프라이팬에 반죽을 적당히 붓고 동그랗게 모양을 잡는다. 기포가 올라오기 시작하면 뒤집개로 반죽을 살짝 들었다 놓는다.

7. 기포가 1/3정도 생기면 재빨리 뒤집어 노릇하게 구워낸다.

Tip
표면이 매끈한 팬케이크를 만드는 팁은 과정 6에 있어요. 반죽을 살짝 들었다 놓으면 집에서도 매끈한 팬케이크를 만들 수 있답니다.

아침

프렌치토스트

예전에 엄마가 출근 시간에 쫓겨 아침밥을 해주지 못할 때면 꼭 나오는 메뉴가 프렌치토스트였어요. 이 메뉴가 나오면 엄마가 늦잠을 주무셨다는 걸 은연중에 알 수 있었죠. 하지만 저는 오히려 특식처럼 느껴져 엄마의 늦잠을 언제나 반기는 편이었어요. 생크림, 버터 없이 우유를 듬뿍 넣으면 촉촉한 프렌치토스트를 만들 수 있습니다.

 **재료 준비** | 식빵 2장, 우유 100mL, 달걀 1개, 올리브유 약간

1. 식빵과 우유, 달걀을 준비한다.

2. 달걀을 충분히 풀어준 다음 우유를 넣고 섞는다.

3. 식빵을 달걀물이 다 흡수되도록 3~5분 정도 푹 담근다.

4. 올리브유를 살짝 두른 팬에 3을 노릇노릇하게 구워내면 된다.

하루를 시작하는 에너지, 아침

아침

견과류시금치주먹밥

아이에게 그냥 먹이기 힘든 식재료를 꼽는다면 아마 잎채소일 거예요. 시금치를 고소한 견과류와 섞어 주먹밥으로 만들어 먹이니 한입에 쏙쏙 잘 먹더군요. 넉넉하게 만들어 가족이 나눠먹어도 좋은 메뉴입니다.

재료 준비 | 시금치 30g, 견과류 15g, 밥 100g, 맛간장 1/4작은술, 참기름 약간

1. 시금치는 데친 후 물기를 꼭 짜서 곱게 다진다.

2. 종류에 상관없이 여러 가지 견과류를 먹기 좋게 다진다.

따뜻한 밥에 다져놓은 시금치와 견과류, 맛간장, 참기름을 넣은 후 조물조물 버무린다. 만들어진 밥을 먹기 좋은 형태로 뭉치면 주먹밥이 완성된다.

> **Tip**
>
> 시금치에는 쓴맛을 내고 결석을 유발할 수 있는 옥살산(수산)이 있습니다. 이 성분은 물에 데치면 휘발되므로 시금치는 꼭 물에 데쳐 사용하세요.

아침

달걀말이밥

달걀말이에 밥을 넣어서 한입에 쏙 집어먹을 수 있는 핑거푸드를 만들어보세요. 밥과 반찬을 동시에 먹으면서도 영양을 충분히 챙길 수 있어서 좋습니다. 핑거푸드는 아이의 손가락 근육 발달에도 좋아요. 조그만 손으로 쏙쏙 집어 입으로 가져가는 아이의 모습을 볼 때면 절로 미소가 지어질 거예요.

 **재료 준비** 달걀 2개, 다진 소고기 25g, 당근 10g, 쪽파 5g, 밥 100g, 물 2큰술, 간장 1/2작은술, 아가베시럽 1/4작은술, 후추 약간

1. 당근과 쪽파는 곱게 다진다.

2. 달걀을 풀고 물을 섞은 뒤 1의 당근과 쪽파를 넣고 섞는다.

3. 다진 소고기에 간장과 후추, 아가베시럽을 넣고 밑간을 한다.

4. 달군 팬에 3을 넣고 바짝 볶는다.

5. 4의 볶은 소고기와 밥을 버무린다.

6. 달걀말이 팬에 달걀물을 1/3 정도 붓고 그 위에 5를 넣어 만다. 그런 다음 다시 남은 달걀물을 부어 달걀말이밥을 완성한다.

아침

잔멸치파래김주먹밥

잔멸치볶음은 엄마들이 가장 자주 하는 반찬 중 하나일 거예요. 잔멸치볶음은 밥반찬으로 내어도 잘 먹지만 주먹밥으로 만들어줘도 좋습니다. 바쁜 아침, 파래김에 잔멸치볶음과 밥을 넣고 조물조물 뭉쳐내면 아이도 잘 먹고 엄마 아빠의 아침 식사로도 그만입니다.

재료 준비 잔멸치 20g, 맛간장 1/4작은술, 올리고당 1작은술, 청주 1/4작은술, 포도씨유 1.5작은술, 파래김(생김) 5g, 밥 100g

1. 달군 프라이팬에 잔멸치를 볶아 수분을 날려주고 비린내도 제거해준다.

2. 맛간장, 올리고당, 청주, 포도씨유를 섞어 양념장을 만들어둔다.

3. 1에 양념장을 넣고 중약불에서 살살 섞어가며 볶아 잔멸치볶음을 완성한다.

4. 밥 위에 파래김을 부숴 넣고 3의 잔멸치볶음을 넣어 조물조물 섞은 뒤 뭉쳐서 주먹밥을 완성한다.

Tip
- 남은 잔멸치볶음은 반찬으로 사용하세요.
- 멸치의 상태에 따라 간장을 넣지 않고 그냥 볶아도 충분히 짠맛이 느껴지니 맛을 보며 양념의 양을 조절하세요.

아침

버섯오믈렛전

오믈렛만 먹으면 탄수화물을 섭취할 수가 없습니다. 그래서 밥을 넣어서 오믈렛전을 만들었어요. 달걀을 다양하게 활용하면 아이의 식사 시간에 재미를 더할 수 있습니다. 아이가 잘 먹지 않는 채소를 잘게 잘라 넣고 밥까지 먹을 수 있으니 영양만점 아침 식사가 됩니다.

재료 준비 새송이버섯·애호박·파프리카·양파 각 30g, 달걀 5개, 치즈 2장, 밥 100g, 소금·후추·올리브유 약간

1. 새송이버섯, 애호박, 파프리카, 양파는 잘게 다져서 준비한다.

2. 달걀은 충분히 풀어 준비하고, 여기에 소금, 후추를 기호에 따라 약간 넣는다.

3. 팬에 올리브유를 두르고 준비한 야채를 먼저 볶는다.

4. 3에 살짝 식힌 밥을 넣고 고슬고슬하게 볶아준다.

5. 달걀물 1/3을 조금씩 넣어가며 저어 몽글몽글한 오믈렛의 형태를 만든다.

6. 달걀과 재료가 어느 정도 뭉쳐지면 마지막으로 치즈를 잘게 잘라 넣고 한 번 쓱 저어준다.

7. 남은 달걀물 2/3를 붓고, 뚜껑을 덮고 5분간 약한불에 익혀주면 완성이다.

아침

단호박버섯리소토

은은한 단맛이 좋은 단호박과 향이 좋은 표고버섯으로 만든 리소토는 아이들도 좋아하는 메뉴입니다. 리소토는 이미 해놓은 밥을 이용하기 때문에 만들기도 쉬워서 유아식 아침 메뉴로 손색이 없습니다.

재료 준비 표고버섯 40g, 으깬 단호박 35g, 밥 100g, 우유 150mL, 버터 5g, 파르메산치즈가루 약간

버섯은 먹기 좋은 크기로 자른다.

단호박은 삶아 으깬다.

달군 프라이팬에 버터를 녹인 다음 버섯을 볶는다.

3에 우유를 붓고 살짝 끓어오를 때까지 끓인다.

2의 으깬 단호박을 넣는다.

5에 밥을 넣고 골고루 섞은 뒤 파르메산치즈가루를 넣으면 완성된다.

아침

양송이크림리소토

양송이크림리소토는 책에 가장 먼저 싣고 싶은 메뉴였어요. 제 아이가 유아식을 시작하면서 제일 맛있게 잘 먹었던 요리고, 친구들에게 추천해줬을 때 실패가 없었던 메뉴거든요. 돌이 지나 음식을 통해서 우유를 섭취하기 시작할 때, 바뀐 음식 스타일에 아기가 적응하는 데 좋습니다. 만들기도 간편해서 엄마의 아침을 좀 더 편안하게 해주는 메뉴랍니다.

재료 준비 | 양송이버섯 20g, 치즈 1장, 우유 150mL, 밥 100g, 후추 약간, 올리브유 1/2작은술

양송이버섯은 곱게 다져서 준비한다.

올리브유를 두른 팬에 버섯과 후추 약간을 넣고 갈색빛이 돌게 볶는다.

2에 우유를 넣고 냄비 가장자리가 끓어오를 때까지 끓인다.

3에 치즈를 넣고 치즈가 녹을 때까지만 끓인다.

4에 밥을 넣고 섞으면 완성된다.

Tip

소스를 한꺼번에 만들어 한 번 먹을 분량으로 나눠서 냉동실에 넣어두면 필요할 때 하나씩 꺼내서 밥에 부어 먹으면 됩니다. 소스가 밥에 금방 스며들기 때문에 소스의 양은 언제나 조금 넉넉하다 싶을 정도로 만들어주세요.

아침

시금치베이컨키시

키시는 파이지에 다양한 속 재료를 달걀물과 함께 넣어 구워내는 프랑스식 오믈렛입니다. 만드는 방법 역시 어렵지 않아 아침 간단 메뉴로도 손색없어요. 반죽은 한번에 4~5개씩 만들어 냉동실에 넣어뒀다가 하나씩 꺼내서 쓰면 아침에도 맛있는 키시를 만들어 먹을 수 있어요.

파이지 반죽 재료 박력분 150g, 소금 2g, 설탕 5g, 차가운 버터 8g, 달걀 25g, 찬물 25mL
속 재료 시금치 80g, 베이컨 2장, 양파 40g, 파프리카 30g, 달걀 2개, 달걀노른자 2개, 우유 170mL, 치즈 2장

*18cm 타르트 틀 1개 분량

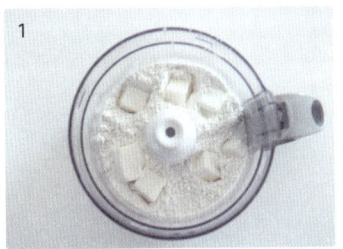
1. 푸드프로세서에 박력분, 소금, 설탕을 넣고 가볍게 돌린 다음, 차가운 버터를 잘라 넣고 30초 정도 작동시켜 반죽을 고슬고슬한 상태로 만든다.

2. 달걀과 찬물을 넣고 덩어리반죽이 될 때까지 푸드프로세서를 작동시킨다.

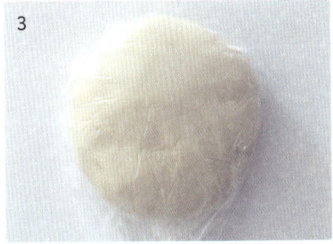
3. 만들어진 반죽은 비닐에 싸서 30분 이상 냉장고에 넣어둔다.

4. 반죽을 밀대로 민다.

5. 4의 반죽을 타르트팬 위에 덮어 바닥과 측면을 꼼꼼히 밀착시킨 후 반죽 바닥을 포크로 여러 번 찍어준다.

6. 5에 유산지를 깔고 누름돌을 얹은 다음 180도로 예열된 오븐에서 10~15분간 굽는다. 오븐에서 꺼내 완전히 식힌다.

시금치베이컨키시 만드는 법

1. 시금치는 데쳐서 다지고, 파프리카와 양파는 채 썬다. 베이컨은 먹기 좋은 크기로 자른다.

2. 올리브유를 살짝 두른 팬에 양파를 넣고 옅은 갈색이 날 때까지 볶는다.

3. 달걀 2개와 달걀 노른자, 우유를 모두 섞어 달걀물을 만든다.

4. 식힌 파이지(6) 위에 준비한 채소와 베이컨, 치즈를 넣고 3의 달걀물을 부은 뒤 180도로 예열된 오븐에서 15~20분간 굽는다.

Tip 반죽을 냉장실에서 휴지시키면 수분이 충분히 공급되어 오븐에 구울 때 뒤틀리거나 들뜨는 것이 방지됩니다.

Doctor's Advice

밥, 국, 반찬

돌이 지난 아이에게 이유식을 계속 먹여도 좋은지, 언제부터 밥과 반찬을 따로 줘야 하는지 등의 질문을 자주 듣습니다. 돌이 지나면서 대부분의 아이는 고형식을 주식으로, 한두 번의 간식을 먹게 됩니다. 모유나 우유 등은 간식에 해당하겠지요. 다른 가족들의 식사 시간과 같은 간격으로 끼니를 먹고 다른 가족들과 거의 비슷하거나 양념만 덜어낸 음식들을 먹게 됩니다. 어른이 비빔밥이나 죽을 먹는다고 이유식이라고 부르지 않듯이 이제는 아이 음식도 그저 끼니라고 불러야 마땅합니다.

밥과 반찬을 따로 주는 시기는 특별히 정해져 있지 않습니다. 우리와 달리 많은 나라에서는 끼니를 일품으로 먹습니다. 재료를 섞어서 일품으로 줄 것인지 밥과 반찬으로 줄 것인지는 순전히 엄마의 선택에 달려 있습니다. 반찬을 따로 내놓는다면 어른처럼 밥과 반찬을 같이 먹지 않는 아이의 모습에 엄마는 당황할 수 있습니다. 당연히 아이는 자기가 좋아하는 것을, 그게 밥이든 반찬이든 상관없이 먼저 먹습니다. 반찬을 다 먹고 나중에 밥만 떠먹고 마지막에 국을 후루룩 마시는 모습을 보게 됩니다. 괜찮습니다. 커가면서 어른이 밥 먹는 모습도 살펴보고 밥과 반찬을 같이 먹어서 더 맛있었던 경험들이 쌓여간다면 자연스럽게 바뀔 일입니다.

밥보다 빵 또는 국수를 선호하는 아이도 분명히 있습니다. '그래도 되냐?'는 질문도 많습니다. 괜찮습니다. 다만 평상시의 끼니는 담백한 음식으로 권하는 편입니다. 맛이 강렬하다면 특별한 반찬 없이도 먹기 좋다는 장점이 있지만 이는 그대로 단점일 수도 있습니다. 화려한 무늬의 종이에 그림 그리기 어렵듯이 매일매일 끼니의 맛이 자극적이라면 아이가 여러 가지 음식을 골고루 맛있게 먹기에는 방해가 될 수 있습니다. 쌀밥은 그 담백한 끼니의 대표선수지요. 빵과 국수에서 문제는 소금입니다. 끼니로서 주려면 저염국수나 속을 넣지 않은 빵 종류가 적당할 것입니다.

밥, 국, 반찬이 우리 식사의 기본 요소라고 하지만 저는 아이의 끼니만큼은 국을 최대한 배제하도록 권합니다. 이유식이나 유아식 때 국물에 밥을 적셔서 또는 말아서 주는 일이 많습니다. 음식을 씹어 먹는 습관을 기르기에 적절하지 않습니다. 안 씹어 먹기 때문에 말아준다면 앞으로도 씹지 않아도 된다고 가르치는 일과 같습니다. 또, 국은 필요 이상의 소금을 맛보게 할 수 있습니다. 국밥처럼 말아서 먹는 끼니가 별미일 수도 있지만 매 식사마다 국을 꼭 내 놓아야만 하는지는 생각해볼 부분입니다.

김치와 된장

김치나 된장을 언제부터 먹일 것인지는 소아청소년과 의사와 아이 엄마, 젊은 엄마와 할머니 사이에서 흔히 논쟁하게 되는 주제입니다. 김치나 된장 등 발효식품이 갖는 이로운 점이 분명히 있겠지만 짜고 매운 음식이기에 주의할 점이 있습니다. 그 득과 실을 정확히 계량하여 판정하면 좋겠지만, 어려운 일입니다.

어릴수록 특히, 돌 이전에는 신장에서 소금기를 배출하는 능력이 떨어지기 때문에 음식에 소금간을 하지 않도록 권하고 있습니다. 대체로 돌이 지나면 어른이 먹는 음식 대부분을 먹어도 건강 상의 문제가 생기지는 않지만 세 돌까지는 소금 양념을 최소화하기를 권장합니다. 소금은 강력한 조미료입니다. 올바른 식습관을 만들어가야 하는 시기에 양념 맛이 강한 음식을 제한 없이 맛보기보다는 각각의 식재료가 갖는 다양한 맛을 경험하는 것이 더 유익합니다.

어차피 한국에서 살아간다면 김치와 된장을 먹을 수밖에 없습니다. 유치원 등 기관에 다니기 시작한다면 필연적으로 맛보게 됩니다. 집에서도 한 번씩 씻은 김치나 맑은 된장국을 밥상에 내놓을 수 있지만 끼니의 필수요소처럼 또는 건강을 위한 보약처럼 반드시 먹여야 한다는 강박을 보일 필요는 없습니다.

××××××× CHAPTER 3 ×××××××

오후의 활동을 이어갈 수 있는 힘,
점심

 의사 아빠의 점심 식사에 대한 조언

어린아이를 키우는 엄마는 끼니를 제대로 챙기기 어렵습니다. 제 끼니에는 아이를 먹이느라 정신없고 아이가 흘리고 뱉어낸 것들 집어 먹고 나서 이제 먹어봐야지 마음먹으면 입맛은 사라진 뒤입니다. 아침이나 저녁은 아빠나 다른 가족을 챙기느라 어른 음식을 조금이라도 만들지만 아이랑 단둘이 먹는 점심 식사는 아이만 먹이고 거르는 분도 많은 것 같습니다.

점심은 엄마와 아이가 함께

점심 끼니를 만들 때는 아이의 음식에 양념을 조금 더 넣어 엄마도 같이 먹거나, 엄마의 음식에서 자극적인 맛을 내는 재료만 빼고 아이와 함께 먹는 방법을 권하고 싶습니다. 간단하게라도 엄마의 끼니를 거르지 않는 쪽으로 고민해보세요.

점심

감자뇨끼

담백한 맛이 돋보이는 감자뇨끼는 이탈리아식 감자수제비라 할 수 있을 것 같아요. 찐감자를 이용해 뇨끼를 만들고 부드러운 크림소스를 더해 색다른 한 끼를 만들어보세요.

재료 준비 감자 80g, 통밀가루 120g, 달걀 1개, 우유 100mL, 생크림 50mL, 파프리카·버섯·브로콜리 각 15g, 치즈 2장, 다진 마늘 1/4작은술, 올리브유 약간

1. 감자는 푹 삶아 으깬 뒤 체에 거른다.

2. 1에 달걀, 통밀가루를 넣고 치대 반죽을 만든다.

3. 만들어진 반죽을 먹기 좋은 크기로 자른다.

4. 자른 반죽을 포크로 눌러 모양을 만든다.

5. 파프리카는 다져서 준비하고, 버섯과 브로콜리는 한 번 데친 후 다진다.

6. 끓는 물에 감자 반죽을 삶는다. 반죽이 떠오르면 건져낸다.

7. 올리브유를 두른 팬에 다진 마늘을 넣고 먼저 살짝 볶은 뒤 파프리카, 버섯, 브로콜리를 볶는다.

8. 7에 우유와 생크림을 넣고 끓이다가 완전히 끓어오르면 삶아놓은 반죽을 넣고 소스가 배도록 5~8분간 끓인다.
※ 감자 반죽은 이미 다 익은 상태이므로 소스를 넣고 버무리듯 잠시 끓이면 됩니다.

9. 다 익었을 때쯤 치즈를 넣고 완성한다.

오후의 활동을 이어갈 수 있는 힘, 점심

점심

감자크림리소토

부드러운 감자는 소화를 도와주기 때문에 갑자기 여러 가지 음식을 접하는 시기의 아이에게 주기 좋은 식재료입니다. 포슬포슬한 햇감자를 이용해서 리소토를 만들어주면 엄마와 아이가 함께 먹기에도 좋고 속이 편안해질 거예요.

재료 준비 감자 100g, 우유 150mL, 생크림 50mL, 밥 100g, 어린이 치즈 2장, 양파가루 약간

1. 감자는 푹 삶아 으깬다.

2. 으깬 감자에 우유와 생크림, 양파가루를 넣고 섞는다.

3. 가열된 팬에 2를 붓고 약한 불에서 끓이다가 우유가 끓기 시작하면 밥을 넣고 크림소스가 배도록 3분간 더 끓인다.

4. 마지막에 치즈를 넣고 가볍게 섞으면 완성된다.

점심

날치알볶음밥

톡톡 터지는 식감 때문에 아이들이 더 좋아하는 날치알볶음밥. 단백질 함량이 높은 날치알볶음밥은 점심 한 그릇 메뉴로 손색없어요. 엄마는 김치를 추가해서 먹을 수 있어 어른과 아이가 같이 식사할 수 있는 베스트 메뉴 중 하나입니다. 아이 먼저 먹이고 엄마가 밥을 먹는 것보다 함께 식사하는 게 아이의 식사 예절 교육에 더 좋답니다.

 **재료 준비** | 게살 20g, 애호박 15g, 대파 10g, 파프리카 15g, 날치알 20g, 밥 100g, 올리브유 약간

1. 게살은 찢어서 준비하고, 애호박, 대파, 파프리카는 잘게 다져서 준비한다.

2. 올리브유를 두른 프라이팬에 대파를 먼저 볶아 향을 낸다.

3. 2에 게살, 애호박, 파프리카를 넣고 볶는다.

4. 3에 밥을 넣고 고슬고슬하게 볶는다.

5. 마지막으로 날치알을 넣고 빠르게 볶아 마무리한다.

오후의 활동을 이어갈 수 있는 힘. 점심

점심

달걀볶음밥

점심 한 끼, 냉장고 속에 재료가 마땅하지 않을 때 후다닥 해먹을 수 있는 요리입니다. 아이랑 엄마랑 나눠먹을 수 있고, 만들기도 편해서 사실 엄마가 더 자주 원하기도 하지요. 여러 가지 풍부한 영양을 섭취할 수 있는 좋은 기회라고 합리화하면서 말이에요.

재료 준비 쪽파 10g, 달걀 1개, 밥 100g, 간장 1/4작은술, 올리브유·깨소금·참기름 약간

쪽파는 잘게 다진다.
※ 쪽파 대신 대파를 써도 괜찮습니다.

올리브유를 두른 팬에 쪽파를 먼저 볶아 향을 낸다.

쪽파를 한쪽에 몰아놓은 뒤 달걀을 풀어 살짝 볶는다.

밥을 넣고 고슬고슬하게 볶은 다음 간장을 넣고 한 번 더 재빨리 볶는다.

점심

닭고기크림스튜

아이가 기운이 없을 때 기력보충용으로 만들어주는 게 바로 크림스튜예요. 남편도 좋아하고 아이도 좋아해서 뜨끈하게 한 그릇 만들어주면 온 가족이 행복하게 먹을 수 있지요. 닭고기 대신 소고기, 해물로 재료를 바꿔서 만들어도 맛있습니다.

재료 준비 닭고기 안심 50g, 브로콜리·양파·당근·감자·양송이 각 10g, 루·우유·물 각 50mL, 올리브유·후추 약간
루 재료 버터 20g, 밀가루 50g, 우유 200mL

1. 닭고기 안심은 힘줄을 제거한 후 깍둑 썰고, 후추를 뿌려 밑간을 한다.

2. 루를 만든다.

3. 올리브유를 냄비에 두르고 닭고기 안심을 넣고 겉면이 익을 정도로 볶는다.

4. 브로콜리, 양파, 당근, 감자, 양송이를 넣고 양파가 투명해질 때까지 볶는다.

5. 2의 루와 우유, 물을 넣고 중불에서 10분간 끓여 완성한다.

루 만드는 법

1. 팬에 버터를 녹인다.

2. 녹인 버터에 밀가루를 넣고 볶는다.

3. 2에 우유를 부어 저어가며 덩어리 없이 끓인다.

오후의 활동을 이어갈 수 있는 힘. 점심

점심

두유버섯리소토

두유에는 콩단백질 성분이 풍부해요. 달콤한 맛 때문에 우유보다 더 좋아하기도 하지요. 몸에 좋은 버섯, 양파와 함께 리소토를 만들어주면 먹기도 편하답니다.

재료 준비 느타리버섯 35g, 양파 10g, 치즈 1장, 두유 120mL, 밥 100g, 올리브유 약간

1. 느타리버섯은 살짝 데쳐 먹기 좋은 크기로 찢어 준비하고, 양파는 다져서 준비한다.

2. 팬에 올리브유를 두르고 다진 양파를 투명해질 때까지 볶는다.

3. 2에 느타리버섯을 넣고 센 불에서 살짝 볶는다.

4. 3에 두유를 넣고 가장자리에 기포가 올라올 때까지 끓인다.

5. 분량의 밥을 넣고 재빨리 섞어준다.

6. 마지막으로 치즈를 넣어 완성한다.

Tip 무가당두유를 사용하면 더 고소하고 맛있습니다.

점심

렌틸콩그라탱

렌틸콩은 지방 함량이 낮고 단백질 함량이 높아 슈퍼푸드로 각광받고 있죠. 밥에 넣어 먹거나 카레로 요리해서 먹는 게 대부분인데, 치즈 소스와 함께 파스타나 그라탱으로 만들어 먹으면 별미로 렌틸콩을 즐길 수 있어요.

재료 준비 렌틸콩 20g, 감자 100g, 버터 3g, 루, 모차렐라치즈 10g, 치즈 1장, 생크림 200mL, 양파 10g, 마카로니 또는 파스타 60g, 토핑용 모차렐라치즈 적당량

루 재료 버터 20g, 밀가루 50g, 우유 200mL

1. 렌틸콩은 깨끗이 씻은 뒤 삶는다.

2. 양파는 다진다.

3. 감자는 푹 쪄서 으깬 뒤 뜨거울 때 버터를 넣어 섞는다.

4. 파스타는 20분 정도 삶아준다.

5. 루를 만든다.

6. 만들어둔 루에 모차렐라치즈와 치즈를 넣고 섞어 치즈 소스를 완성한다.

7. 3에 6에서 만든 치즈 소스 중 50g을 넣고 섞는다.

8. 삶은 파스타에 남은 치즈 소스 100g, 다진 양파와 삶은 렌틸콩을 넣고 골고루 섞는다.

9. 오븐 용기에 으깬감자(7) – 파스타(8) – 모차렐라치즈 순으로 올리고 190도로 예열한 오븐에서 10분간 굽는다.

Tip
루 만드는 법은 123쪽을 참고하세요.

점심

새우마늘종볶음밥

아이에게 마늘을 그냥 먹이기에는 한계가 있죠. 그래서 저는 마늘종을 선택했어요. 마늘의 알싸한 맛은 줄이고, 아이가 좋아하는 새우와 함께 볶아서 아삭아삭한 식감까지 더해주면 더할 나위 없이 맛있는 음식이 완성됩니다.

재료 준비   마늘종 10g, 새우살 30g, 레몬즙 1/8작은술, 굴소스 1/4작은술, 달걀 1개, 밥 100g, 후추 약간

마늘종은 송송 썬 다음 찬물에 담가 매운맛을 제거한다.

새우살에 레몬즙과 후추를 뿌려서 비린내를 제거한다.

올리브유를 두른 팬에 마늘종과 새우살을 볶는다.

3에 밥을 넣고 고슬고슬하게 볶는다.

굴소스를 넣고 다시 한 번 휙 볶아준다.

프라이팬 한쪽에 달걀물을 풀어 달걀을 따로 볶은 다음 마지막에 밥과 함께 섞는다.

Tip

새우는 분홍새우를 선택하면 익었을 때 크기가 작아져 따로 다질 필요가 없습니다.

점심

아스파라거스소고기볶음밥

아삭한 식감을 좋아하는 저희 아이가 즐겨 먹는 식재료는 당근, 감자, 아스파라거스예요. 태양왕 루이 14세도 즐겨 먹었다는 아스파라거스는 서양에서는 보양 식재료로 유명합니다. 다량의 비타민이 들어 있는 아스파라거스와 소고기를 이용해 볶음밥을 만들어주니 이만한 영양식이 따로 없습니다.

재료 준비 | 다진 소고기 50g, 아스파라거스 2대, 밥 100g, 맛간장 1/4작은술, 올리브유 1/2작은술, 후추 약간

소고기는 다진 것으로 준비한다.

아스파라거스는 송송 썬다.

올리브유를 두른 팬에 소고기를 먼저 볶은 뒤, 아스파라거스를 넣고 한 번 더 볶는다.

3에 밥을 넣고 후추와 맛간장을 넣은 뒤 고슬고슬하게 볶으면 완성이다.

오후의 활동을 이어갈 수 있는 힘, 점심

점심

아욱브로콜리대구살덮밥

유아식을 처음 시작할 때 진밥의 형태에서 어떻게 유아식으로 넘어가야 할지 고민이었어요. 그때 제가 이용한 방식이 바로 덮밥의 형태입니다. 덮밥 소스를 만들어두고 끼니 때 데워서 밥 위에 끼얹어주면 좋더군요. 이유식처럼 다양한 재료로 덮밥을 만들어주며 아이가 차근차근 밥과 반찬에 익숙해지도록 해보세요.

재료 준비 브로콜리·아욱 각 15g, 대구살 40g, 감자 전분 4g, 밥 100g, 물 10mL, 다시마국물 330mL, 참기름 약간

1. 아욱과 브로콜리를 끓는 물에 데쳐서 다진다. ※ 아욱은 잎부분만 씁니다.

2. 냄비에 참기름을 약간 두르고 대구살을 볶는다.

3. 2에 다시마국물을 붓고 보글보글 끓인다.

4. 3이 끓으면 데친 브로콜리를 넣고 재료가 뭉근하게 익을 때까지 끓인다.

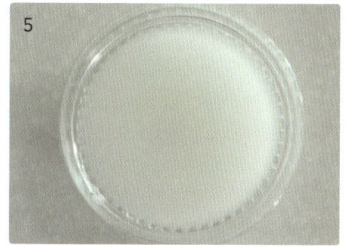

5. 전분과 물을 섞어 전분물을 만든다.

6. 4에 아욱을 넣고 끓인다.

7. 6에 전분물을 조금씩 부으면서 소스의 농도를 조절해준다. 밥 위에 소스를 끼얹으면 덮밥 완성!

오후의 활동을 이어갈 수 있는 힘, 점심

점심

연두부비빔밥

아이가 가장 먼저 먹는 두부는 연두부지요. 아이와 같은 재료에 엄마는 고추장, 아이는 양념간장으로 양념하면 엄마 밥을 따로 차리지 않고 아이와 엄마가 함께하는 맛있는 밥상이 완성됩니다. 점심 식사 시간을 엄마와 아이의 영양을 함께 챙기는 시간으로 만들어보세요.

재료 준비 밥 100g, 연두부 60g, 당근 15g, 버섯 15g, 올리브유 약간
양념장 재료 간장 1작은술, 매실액 1작은술, 배즙 1/2작은술, 깨소금·후추·참기름 약간

연두부는 끓는 물에 데쳐서 건진다.

팬에 올리브유를 두르고 채썬 당근, 버섯을 볶는다.

밥 위에 2의 채소를 올리고, 그 위에 연두부를 올린 후 양념장을 뿌린다.

점심

오므라이스

오므라이스는 다양한 야채와 달걀을 한 번에 섭취할 수 있어 맛있고 든든한 한 끼를 제공합니다. 평소 잘 먹지 않는 채소를 잘게 다져 넣어 별미로 만들어 먹기 좋습니다.

재료 준비 다진 소고기 45g, 밥 100g, 달걀 3개, 파프리카·당근·양파·대파·애호박 각 10g, 후추 약간, 간장 3g, 올리브유 약간
소스 재료 우스터소스 10g, 케찹 20g, 굴소스 10g, 배즙 10g, 물 30mL, 파슬리·월계수 잎 약간, 후추 약간

1. 다진 소고기에 후추와 간장을 넣고 버무려 밑간을 한다.

2. 파프리카, 당근, 양파, 대파, 애호박은 잘게 다져서 준비한다.

3. 프라이팬에 올리브유를 두른 후 소고기를 바싹 볶는다.

4. 팬 한쪽에 소고기를 밀어두고, 2의 채소를 볶는다.

5. 4에 밥을 넣어 고슬고슬하게 볶은 다음 그릇에 담아둔다.

6. 미리 풀어놓은 달걀을 팬에 붓고 1/2 정도 익었을 때 5의 밥을 얹고 말아준다.

소스 만드는 법

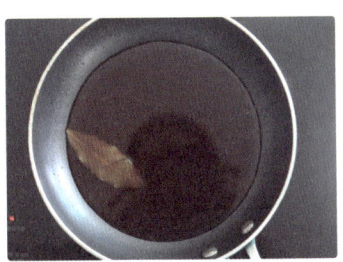

분량의 소스 재료를 넣고 2~3분간 끓인다.

Tip
팬에 기름을 넣고 달군 다음 지단을 부쳐야 찢어지지 않고 예쁘게 만들 수 있어요.

오후의 활동을 이어갈 수 있는 힘. 점심

점심

오야코동

오야코동은 닭고기와 달걀을 이용한 수프식 덮밥요리입니다. 오야코가 일본어로 부모와 자식이란 뜻으로 닭과 달걀을 같이 넣어 만든 덮밥이라고 붙여진 이름이에요. 따뜻한 온기를 담아낼 수 있어 제가 좋아하는 음식이지요. 아이와 엄마, 둘이서 오야코동 한 그릇씩 뚝딱 먹고는 헤헤 웃으면서 즐거운 식사 시간을 마무리해볼까요?

 **재료 준비** 닭고기 안심 50g, 가다랑어포 5g, 양파 10g, 달걀 1개, 다시마 2조각, 물 100mL, 간장 1/4작은술, 아가베시럽 1/2작은술, 후추 약간

냄비에 가다랑어포와 다시마, 물을 넣고 10분 정도 끓여 국물을 우려낸다.

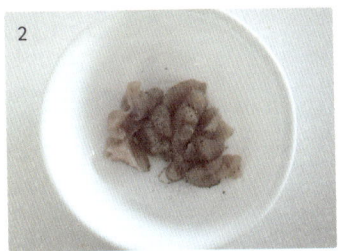

닭고기 안심은 후추로 밑간을 한 뒤, 먹기 좋은 크기로 자른다.

프라이팬에 1에서 끓인 국물과 간장, 아가베시럽을 넣고 한소끔 끓인다.

3에 밑간을 한 닭고기 안심을 넣고 완전히 익을 때까지 끓인 다음, 양파를 넣고 5분 더 끓인다.

달걀을 풀어 휙 저어주며 마무리한다.

5를 밥 위에 부으면 오야코동이 완성된다.

점심

오징어미나리볶음밥

유아식을 시작하면 이유식 시기보다 다양한 식재료를 접할 수 있습니다. 그 중 하나가 쫄깃한 오징어입니다. 타우린과 DHA가 많아 성장기 아이에게 좋은 오징어를 향긋한 미나리와 함께 볶음밥으로 만들어보았어요.

 **재료 준비** 오징어(몸통 부분) 50g, 미나리 5g, 당근 10g, 밥 100g, 다진 마늘 1/4작은술, 초피액젓 1/4작은술, 표고버섯가루·후추 약간

오징어는 몸통 부분의 껍질을 제거한 후 깨끗이 씻어 먹기 좋은 크기로 썬다.

당근과 미나리는 잘게 다져서 준비한다.

올리브유를 두른 팬에 다진 마늘과 오징어를 가볍게 볶은 뒤 당근을 넣고 다시 한 번 볶는다.

3에 밥을 넣고 고슬고슬하게 볶은 다음 초피액젓, 표고버섯가루, 후추를 더해서 한 번 더 휙 볶아준다.

마지막으로 미나리를 넣고 휘젓듯이 한 번 볶아 완성한다.

점심

치킨도리아

쭈욱 늘어나는 치즈로 아이의 시선을 사로잡고, 입에 착착 감기는 토마토소스와 닭고기볶음밥으로 신나는 식사 시간을 만들어주세요. 닭고기 안심은 이유식 시기에도 잘 먹었던 식재료라 부담이 없고, 토마토소스 자체만으로도 간이 되기 때문에 따로 간을 하지도 않아도 됩니다.

재료 준비 닭고기 안심 40g, 밥 100g, 파프리카 20g, 양파·당근 각 10g, 버터 5g, 토마토소스 40g, 모차렐라치즈 30g

1. 닭고기 안심은 우유에 30분 정도 재워 비린내를 없앤다.

2. 우유에 재워둔 닭고기 안심을 끓는 물에 삶은 뒤 잘게 찢어서 준비한다.

3. 파프리카, 양파, 당근은 잘게 다진다.

4. 버터를 팬에 녹인 뒤 3의 재료와 닭고기를 볶다가 밥을 넣고 한 번 더 볶는다.

5-1.

5-2. 오븐용기에 볶은 밥, 토마토소스, 모차렐라치즈 순으로 올리고 190도로 예열된 오븐에 넣고 10분간 굽는다.

Tip 토마토소스 만들기는 191쪽을 참고하세요.

점심

콜리플라워닭고기볶음밥

콜리플라워 100g 안에 비타민C 하루 권장량이 모두 들어 있다니 우리 아이에게 꼭 먹여야 할 것 같죠? 그냥 먹으면 싫어할 수 있지만 좋아하는 닭고기볶음밥에 쏘옥 넣어주면 색도 구별이 안 돼서 아이가 냠냠 잘 먹는답니다.

재료 준비 | 콜리플라워 40g, 닭고기 안심 두 덩이, 굴소스 1/4작은술, 물 1큰술, 밥 100g

1. 닭고기는 우유에 재워 비린내를 제거한다.

2. 콜리플라워는 끓는 물에 데쳐 잘게 다진다.

3. 우유에 재운 닭고기 안심을 끓는 물에 데친 후 결대로 찢어준다.

4. 굴소스와 물을 넣어 양념장을 만든다.

5. 팬에 닭고기와 콜리플라워를 볶다가 밥과 양념장을 넣고 고슬고슬하게 볶는다.

Tip
볶을 재료를 끓는 물에 미리 데쳐 사용하면 그만큼 볶는 시간이 단축되고, 짜지 않게 만들 수 있어요.

점심

토마토홍합스튜

남편이 좋아하는 홍합스튜를 아이와 함께 즐기고 싶어서 만들어보았어요. 아이가 홍합살을 하나하나 까먹는 것을 재미있어해서 껍질째 넣어서 만들었답니다. 아직 어린아이라면 홍합살만 이용해도 됩니다. 엄마가 만든 토마토소스로 만든 홍합요리. 크게 어렵지 않으면서도 맛있고 홍합살을 빼먹는 재미까지 더해진 일품요리랍니다.

재료 준비 홍합 175g, 토마토소스 5작은술, 파프리카 40g, 양파 20g, 마늘 3개, 화이트와인 1/2작은술, 올리브유·파슬리 약간

1. 홍합은 불순물을 제거하고 깨끗이 씻어 준비한다.

2. 파프리카, 양파는 다지고, 마늘은 편 썰기를 한다.

3. 올리브유를 두른 냄비에 마늘을 볶아 향을 낸다.

4. 파프리카와 양파를 넣고 양파가 투명해질 때까지 볶는다.

5. 홍합과 화이트와인을 넣어 홍합 입이 벌어질 때까지 살짝 볶는다.

6. 5에 토마토소스를 넣고 한소끔 끓여낸다.

> **Tip**
> 토마토소스 만들기는 191쪽을 참고하세요.

점심

파인애플새우볶음밥

특별한 날, 특별한 음식을 먹이고 싶다면 파인애플새우볶음밥을 추천합니다. 태국요리가 먹고 싶을 때 아이와 함께 만들어 먹으면 더욱 좋아요. 파인애플의 달콤한 맛 때문에 아이도 잘 먹는 메뉴랍니다.

재료 준비 파인애플 50g, 새우살 50g, 파프리카·대파·양파·애호박·당근 각 10g, 달걀 1개, 초피액젓 1/4작은술, 밥 100g, 카레가루 1/2작은술 *볶음밥을 담을 수 있도록 파인애플 반쪽을 준비합니다.

1. 파인애플 반쪽을 가운데 심지는 제거하고 과육만 잘라 준비한다.

2. 파프리카, 대파, 양파, 애호박, 당근은 잘게 다진다.

3. 파인애플은 다지고 새우살은 깨끗이 씻어 준비한다.

4. 올리브유를 두른 팬에 달걀을 풀어 스크램블을 만든다.

5. 다른 팬에 파프리카, 대파, 양파, 애호박, 당근을 볶는다.

6. 5에 밥을 넣고 고슬고슬하게 볶는다.

7. 볶은 밥을 팬 한쪽에 몰아두고, 다른 쪽에서 새우를 볶는다.

8. 새우와 함께 볶은 밥을 함께 섞고, 카레가루와 초피액젓을 넣고 볶는다.

9. 4의 스크램블과 다져둔 파인애플을 함께 섞은 뒤 마무리한다.

오후의 활동을 이어갈 수 있는 힘, 점심

점심

새우카레주먹밥

주먹밥은 한입에 먹기 좋아 아이에게 자주 해주는데, 늘 같은 주먹밥 말고 조금은 색다르게 만들어보고 싶었어요. 카레의 끈적한 식감을 거부하는 아이라면 카레가루를 솔솔 뿌려 다른 재료를 풍성하게 넣고 주먹밥을 만들어주면 어떨까요? 아이가 좋아하는 재료의 식감을 살리면서 카레를 맛있게 즐길 수 있어요.

 **재료 준비** 알새우 50g, 애호박·파프리카 각 20g, 밥 100g, 카레가루 1/2작은술, 양파가루·버섯가루 각 1/4작은술, 올리브유 약간

파프리카와 애호박은 잘게 다진다.

알새우도 먹기 좋게 다진다.

팬에 올리브유를 약간 두르고 알새우를 살짝 볶다가 파프리카, 애호박을 볶는다.

밥을 넣고 카레가루, 양파가루, 버섯가루를 넣고 고슬고슬하게 볶는다.

살짝 한 김 식힌 후 먹기 좋은 크기로 뭉쳐 완성한다.

점심

해물부추밥전

해물부추전을 좋아하는 제가 어느 날 아이에게 한쪽 주었더니 너무 잘 먹더라고요. 그런데 문제는 전만 먹고 밥에는 손도 대지 않는 거예요. 그래서 아예 밥을 넣어 밥전으로 만들어주게 되었어요. 어른들은 비 오는 날 해물부추전을, 아이에게는 밥을 더해 든든한 식사로 만들어주세요.

 **재료 준비**　갖은 해물 60g, 부침가루 30g, 물 40mL, 부추 10g, 밥 100g, 올리브유 약간

해물은 미리 한 번 데쳐서 먹기 좋은 크기로 썬다.

부추는 5mm 길이로 썬다.

부침가루에 물을 넣어 곱게 푼다.

3에 해물과 부추를 넣어 섞는다.

밥을 섞어 반죽을 완성한다.

올리브유를 두른 팬에 반죽을 동그랗게 떼어 부친다.

점심

간장비빔국수

더운 여름날이면 입맛이 없죠. 아이들도 마찬가지입니다. 매운 고추장 양념이 들어간 비빔국수가 어른들의 여름철 별미라면 아이에게는 간장비빔국수를 만들어주면 어떨까요? 지치기 쉬운 여름, 후루룩 넘어갈 수 있는 국수로 입맛을 살려주세요.

재료 준비 소면 60g
양념장 재료 간장 2작은술, 매실액 1작은술, 사과식초·참기름·다진 마늘 각 1/4작은술, 깨소금 약간

끓는 물에 소면을 넣고 삶는다. 물이 끓어 오르면 찬물을 두 번 나누어 부으면서 끓이면 면발이 더욱 쫄깃해진다.

삶은 소면을 찬물에 여러 번 헹군 후 체에 받친다.

분량의 양념장의 재료를 전부 넣고 섞어 양념장을 만든다.

소면과 양념장을 넣고 비벼서 완성한다.

Tip
점심 메뉴로 국수는 조리가 간단해 좋기는 하지만 영양이 걱정된다면 곁들임 찬으로 불고기를 같이 내면 좋아요.

오후의 활동을 이어갈 수 있는 힘, 점심

점심

검은깨우유냉면

더운 여름날 아이와 함께 냉면을 먹고 싶다면 간편하게 만들수 있는 검은깨우유냉면을 추천합니다. 육수를 따로 만들 필요도 없고, 고소한 검은깨와 우유를 함께 넣어 콩국수 느낌이 나는 신기한 냉면이 된답니다.

재료 준비 냉면 면 60g, 우유 200mL, 검은깨 2작은술, 올리고당 1/2작은술, 소금 약간

1. 냄비에 물을 끓인 뒤 면을 삶아 찬물에 여러 번 헹군다.

2. 냉동실에 얼려둔 우유와 검은깨를 푸드프로세서에 넣고 곱게 간다.

3. 올리고당과 소금을 넣고 한 번 더 간다. 냉면 위에 곱게 간 국물을 부어 먹는다.

Tip
- 올리고당은 가열하면 단맛이 사라지므로 열을 가하지 않고 이용합니다.
- 우유는 미리 냉동실에 얼렸다가 사용합니다.

점심

궁중떡볶이

사실 저는 떡볶이를 좋아하는 엄마랍니다. 점심으로 간단하게 떡볶이가 먹고 싶을 때 우리 아이도 함께 먹으면 얼마나 좋을까요? 그래서 중독성 깊은 궁중떡볶이를 만들어봤어요. 아이가 처음 접하는 떡볶이라 양념은 약하게, 떡의 쫄깃한 식감과 다양한 채소를 접할 수 있는 기회로 삼았답니다.

재료 준비 소고기 40g, 떡 100g, 표고버섯 15g, 당근·양파·브로콜리 각 10g
양념장 재료 간장 2작은술, 매실액·아가베시럽 각 1작은술, 다진 마늘 1/4작은술, 참기름 1/2작은술, 후추·통깨 약간, 물 2작은술

1. 표고버섯, 당근, 양파, 브로콜리는 적당한 크기로 자른다.

2. 떡은 말랑한 쌀떡으로 준비하고, 소고기는 핏물을 빼서 준비한다.

3. 분량의 양념장 재료를 넣고 섞어 양념장을 준비한다.

4. 팬에 소고기를 먼저 넣고 볶은 뒤 야채를 넣고 볶는다.

5. 양념장과 떡을 넣고 양념이 충분히 배도록 볶아 완성한다.

점심

소이카르보나라

카르보나라는 맛이 부드러워 아이에게 처음 먹이기 좋은 파스타입니다. 조금은 특별하게 우유 대신 두유로 맛을 낸 담백한 파스타를 만들어볼까요? 고소한 맛과 담백한 맛이 어우러져 아이의 마음을 사로잡습니다.

 **재료 준비** 두유 190mL, 달걀노른자 1개, 생크림 50mL, 스파게티 면 60g, 브로콜리 30g, 느타리버섯 30g, 치즈 1장, 소금·올리브유 약간

1. 느타리버섯과 브로콜리는 살짝 데친 후 먹기 좋은 크기로 썬다.

2. 끓는 물에 소금을 넣고 스파게티 면을 15분간 삶는다.

3. 올리브유를 두른 팬에 버섯과 브로콜리를 넣고 센 불에서 살짝 볶는다.

4-1, 4-2. 두유와 생크림을 넣고 끓이다가 두유가 끓어오르면 치즈를 넣고 30초간 더 끓인다.

5. 4에 면을 넣고 볶듯이 섞어준다.

6. 마지막으로 달걀노른자를 풀고 한 번 더 섞어 마무리한다.

 Tip 스파게티 면은 8분 정도 삶아 안에 심지가 보이는 알덴테 상태가 가장 알맞게 익은 때입니다. 그러나 아이가 먹기에는 다소 딱딱할 수 있으므로 15분 정도 삶아 먹기 좋게 해주세요.

점심

토마토브로콜리스파게티

스파게티는 시판 소스를 사용하는 대신 직접 만들어주면 아이에게도 안심하고 먹일 수 있어요. 소스를 만드는 것이 복잡한 것 같아도 토마토 하나만 있으면 금방 만들 수 있고 아이용으로 만든 스파게티에 간만 조금 보태면 어른들도 함께 즐길 수 있습니다.

 **재료 준비**　　토마토 1개, 양파 40g, 당근 40g, 브로콜리 20g, 다진 마늘 1작은술, 올리브유 1작은술, 스파게티 면 60g, 설탕 1/2작은술, 소금 약간

양파와 당근은 잘게 다지고 브로콜리는 끓는 물에 데친 후 잘라준다.

토마토는 열십자로 칼집을 내어 끓는 물에 데친다. 그 다음 껍질을 제거하고 잘게 다진다.

냄비에 잘게 썬 토마토, 양파, 당근, 다진 마늘, 소금, 설탕, 올리브유를 넣고 볶아 소스를 만든다. 마지막에 데친 브로콜리를 넣고 한 번 더 볶는다.

끓는 물에 스파게티 면을 넣고 15분 정도 충분히 삶는다.

삶은 면 위에 소스를 올리면 완성이다.

오후의 활동을 이어갈 수 있는 힘, 점심

점심 국&반찬

두부굴국

굴이 나오는 철에는 굴을 이용한 음식을 많이 만들어주세요. 풍부한 영양소가 아이 성장에 도움을 주기 때문에 다양한 조리법으로 굴을 섭취할 수 있으면 좋아요. 아이가 굴을 먹지 않는다고 해서 포기하지 말고 조리법을 바꿔서 좋아하게 만들어보세요.

재료 준비 | 무 75g, 굴 100g, 두부 80g, 물 500mL, 다진 마늘 1/4작은술, 새우젓 1/4작은술, 대파 10g

두부와 무는 먹기 좋게 나박 썰기를 하고, 대파는 어슷하게 썬다.

굴은 깨끗한 물에 씻어 준비한다.

냄비에 무와 다시마를 넣고 충분히 끓여 국물을 낸다.

굴과 두부를 넣고 한소끔 끓인 후 대파를 넣는다.

마지막으로 새우젓으로 간을 맞춘다.

점심 국&반찬

두부미소장국

아이의 첫 국물요리, 저는 미소장국으로 시작했어요. 염도가 적은 일본 된장, 미소를 아주 약간 풀어서 끓여주니 아이가 무척 좋아하고 안에 든 두부도 잘 먹더군요. 그래서 저는 아이가 입맛 없어 할 때면 미소장국을 자주 내놓습니다.

 **재료 준비**   두부 100g, 쪽파 약간, 국물 주머니 1개(국물용 멸치 10g, 건새우 2g, 다시마 5g), 물 500mL, 미소 1/2작은술

두부는 깍둑썰기를 한다.

쪽파는 송송 썰어준다.

냄비에 물과 국물 주머니를 넣고 팔팔 끓여 국물을 낸다.

국물에 미소를 풀고 3~5분간 끓인다.

두부를 넣고 한소끔 끓여낸다.

그릇에 장국을 담고 쪽파를 올리면 완성.

점심 국&반찬

모시조갯국

시원한 맛이 일품인 모시조갯국은 조리 과정이 간단해서 좋습니다. 모시조개는 바지락보다 깔끔하고 모래가 씹히는 일도 없어 아이가 먹기 좋으며 대표적인 저지방 고단백 식품입니다.

재료 준비 모시조개 140g, 물 350mL, 다시마 2조각, 다진 마늘 1/4작은술, 대파 약간

1. 모시조개는 소금물에 30분 정도 담가 해감한다.

2. 냄비에 물과 다시마를 넣고 국물을 우린다.

3. 2가 끓으면 모시조개, 다진 마늘을 넣고 모시조개 입이 벌어질 때까지 끓인다.

4. 마지막에 대파를 넣어 마무리한다.

오후의 활동을 이어갈 수 있는 힘, 점심

점심 국&반찬

바지락미역국

소고기미역국이 질렸다면 깔끔한 맛이 일품인 바지락미역국을 뜨끈하게 끓여보세요.
기름지지 않아 맛있고, 온 가족이 함께 먹을 수 있어 좋답니다.

재료 준비 바지락 10개, 미역 85g, 물 550mL, 국간장 1작은술, 다진 마늘 1/4작은술, 들기름 1/2작은술

1. 바지락은 소금물에 30분간 담가 해감을 충분히 해준다.

2. 미역은 30분간 물에 불렸다가 건진 후 잘게 자른다.

3. 냄비에 물을 붓고 끓으면 바지락을 넣고 육수를 끓인다.

4. 또 다른 냄비에 들기름을 넣고 미역을 볶은 뒤 3의 육수를 넣고 끓인다.

5. 4가 끓어오르면 국간장과 다진 마늘을 넣고 한소끔 끓여 완성한다.

점심 국&반찬

소고기뭇국

아이가 먹는 소고기국에는 국거리용 소고기보다 불고기용 소고기를 사용하는 것이 부드러워 먹기 좋아요. 만들기도 쉽고요. 간을 강하게 하기보다는 국물 맛을 최대한 이용하고, 아이에 따라 간을 조절해주세요. 시원하고 깊은 맛의 소고기뭇국은 입맛 없는 아이에게 딱 좋습니다.

재료 준비 | 불고기용 소고기 100g, 무 100g, 참기름 1/2작은술, 물 500mL, 다진 마늘 1/4작은술, 국간장 1/4작은술, 대파 약간

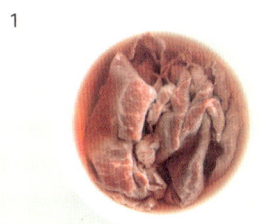

1. 소고기는 반나절 정도 찬물에 담가 핏물을 뺀다.

2. 무는 먹기 좋은 크기로 나박썰기를 한다.

3. 참기름을 두른 냄비에 소고기를 바짝 볶은 다음 무를 넣고 다시 한 번 볶는다.

4. 3에 물을 붓고 무가 익을 때까지 충분히 끓인다. 국간장과 다진 마늘로 간을 한다.

5. 국이 다 끓으면 마지막으로 대파를 넣고 완성한다.

Tip

국이 끓는 중간에 생기는 거품을 걷어내야 국물 맛이 깔끔합니다.

점심 국&반찬

오징어뭇국

오징어뭇국을 맑게 끓이면 아이와 나눠먹을 수 있어요. 오징어의 쫄깃한 식감과 무의 부드러운 식감을 모두 즐길 수 있어서 아이가 참 좋아하는 메뉴이지요. 고춧가루만 추가하면 어른도 시원하게 즐길 수 있으니 온 가족을 위한 메뉴랍니다.

 **재료 준비** · 오징어 70g, 무 100g, 바지락 8개, 물 500mL, 다진 마늘·국간장 각 1/4작은술

무는 나박하게 썰고, 오징어는 껍질을 벗겨 먹기 좋은 크기로 썬다.

냄비에 물이 끓으면 바지락, 오징어, 무를 넣고 보글보글 끓이다가 대파를 넣고 3분간 더 끓인다.

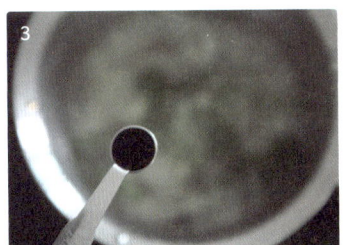

다진 마늘과 국간장을 넣어 간을 하고 한소끔 더 끓인다.

오후의 활동을 이어갈 수 있는 힘, 점심

점심 국&반찬

굴전

겨울철 보양식 재료로 알려진 굴은 영양이 풍부해 아이에게 먹이기 좋아요. 저희 아이는 특히나 굴을 좋아해 겨울철에는 마음껏 먹이고, 굴이 나지 않는 계절을 위해 겨울에 얼려두기도 합니다. 이렇게 보관해두면 다양한 요리에 사용이 가능하답니다.

재료 준비 굴 100g, 통밀가루 적당량, 달걀 1개, 부추 10g, 올리브유 약간

1 굴은 깨끗이 씻은 후 물기를 뺀다.

2 통밀가루에 굴을 굴려 밀가루 옷을 입힌다.

3 달걀을 풀고 부추를 넣어 달걀물을 만든다.

4 올리브유를 두른 팬에 달걀물을 입힌 굴을 노릇하게 굽는다.

점심 국&반찬

아삭감자전

자랄수록 아이가 좋아하는 식감, 질감이 생깁니다. 미각이 어른보다 예민한 아이에게는 같은 재료라도 다양한 식감을 접하게 해주는 게 좋아요. 감자를 갈지 않고 얇게 채를 썰어 색다른 감자전을 만들어보세요. 갈아서 만든 감자전보다 아삭한 감자전의 식감을 더 좋아하게 될 거예요.

재료 준비 | 감자 1개, 후추·올리브유 약간

감자는 깨끗이 씻은 뒤 강판을 이용해 가장 가는 굵기로 채를 썬다.

감자채에 후추를 조금 넣어 버무린다.

올리브유를 두른 팬에 감자를 조금씩 떼어 부친다.

점심 국&반찬

채소대구살전

어릴 때 먹었던 채소전에서 힌트를 얻어 채소대구살전을 만들어봤어요. 늘 야채와 단백질을 함께 섭취하기를 바라는 엄마의 마음으로요. 채소와 함께 노릇노릇 구워 상에 내놓으면 생선을 좋아하지 않는 아이라도 한입에 꿀꺽 하는 모습을 볼 수 있을 거예요.

재료 준비 당근 20g, 쪽파 10g, 느타리버섯 45g, 대구살 40g, 달걀 1개, 올리브유·후추 약간

1. 달걀은 잘 풀어둔다.

2. 당근과 쪽파는 채를 썰고, 느타리버섯은 뜨거운 물에 데친 후 찢는다.

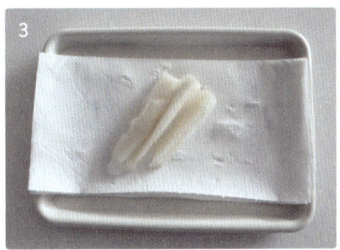

3. 대구살은 키친타월로 눌러 물기를 뺀다.

4. 1의 달걀에 당근, 쪽파, 버섯을 넣고 대구살까지 넣어 버무린다.

5. 올리브유를 두른 팬에 수저로 4의 반죽을 떠넣어 노릇하게 부친다.

점심 국&반찬

도토리묵무침

어느 날 도토리묵을 줬더니 아이가 너무 잘 먹더라고요. 다른 아이들도 유심히 살펴보니 양념이 없어도 도토리묵 그 자체를 즐겨 먹는 아이들이 많았어요. 도토리의 고소하고 쌉싸름한 맛과 말캉한 식감을 좋아하나 봅니다. 좀 더 맛있게 먹을 수 있도록 도토리묵무침을 만들어 한 그릇 음식의 곁들임 찬으로 내봤어요.

 **재료 준비**　도토리묵 120g, 마른 김 1장, 간장 1작은술, 통깨·참기름 약간

1

도토리묵은 아이가 먹기 좋은 크기로 썰어 준다.

2

마른 김을 부숴 넣고, 간장, 통깨, 참기름을 넣는다.

3

손으로 조물조물 무쳐서 완성한다.

오후의 활동을 이어갈 수 있는 힘, 점심

점심 국&반찬

파래무침

제철 파래가 나올 때면 저는 꼭 파래무침을 해먹습니다. 아이가 과연 먹을지 고민이었는데, 새콤달콤한 무를 먼저 먹기 시작하더니 파래도 금세 잘 먹더라고요. 아이가 싫어하는 식재료는 만드는 법을 달리 하여 여러 번 먹여보세요. 엄마의 아이디어에 따라 아이의 입맛도 다채로워질 수 있습니다.

재료 준비   파래 한 덩이, 무 30g, 소금 약간
양념장 재료   매실청 1/2작은술, 다진 마늘·식초·올리고당·들기름·간장 각 1/4작은술

1. 무는 채를 썰어 소금을 약간 넣어 절인다. 10분 정도 지난 뒤 물에 씻어 소금기를 제거한다.

2. 파래는 끓는 물에 데쳐서 물기를 제거한다.

3. 분량의 양념에 2와 1을 넣고 조물조물 무쳐서 완성한다.

점심 국&반찬

버섯불고기

아이들이 좋아하는 베스트 메뉴에서 역시 불고기를 빼놓을 수는 없죠. 불고기용으로 고기를 직접 재울 때 과일을 듬뿍 갈아 넣으면 질기지도 않고 부드럽게 풀어져 아이가 먹기에 안성맞춤입니다. 넉넉히 만들어 소분해서 반찬이 급하게 필요할 때 내놓으면 좋아요.

재료 준비	불고기용 소고기 200g, 표고버섯 30g	
양념장 재료	간장 4작은술, 참기름 1작은술, 다진 마늘 1/2작은술, 양파 간 것·파인애플 간 것 각 15g, 배 간 것 10g, 매실청 1/2작은술	

1. 소고기는 키친타월로 눌러 핏물을 가볍게 제거한다.

2. 표고버섯은 먹기 좋은 크기로 썬다.

3. 양념장 재료를 분량대로 섞어 만든 후 소고기를 양념에 재어 하루 정도 숙성시킨다.

4. 팬에 올리브유를 살짝 두르고 버섯을 볶은 다음 숙성된 불고기를 넣고 같이 볶는다.

점심 국&반찬

어린이장조림

어릴 적 엄마가 만들어준 가장 맛있는 반찬을 장조림으로 기억하는 사람들이 많죠. 그만큼 장조림은 엄마의 손맛이 가득 들어간 남녀노소 좋아하는 반찬이에요. 우리 아이에게 첫 장조림만큼은 직접 만들어 맛보게 해주고 싶었어요. 다진 소고기로 부드럽고 짜지 않게 만드는 게 포인트랍니다.

재료 준비 다진 소고기 100g, 메추리알 70g, 간장 2작은술, 매실청 1작은술, 다진 마늘 1/4작은술, 통마늘 2개, 대파 4쪽, 물 250mL

1 다진 소고기는 찬물에 담가 핏물을 뺀다.

2 메추리알은 삶아 껍질을 까둔다.

3 냄비에 소고기, 물, 대파, 통마늘을 넣고 끓인다.

4 소고기가 충분히 익으면 메추리알, 간장, 매실청, 다진 마늘을 넣고 국물이 자작해질 때까지 조린다.

오후의 활동을 이어갈 수 있는 힘. 점심

점심 국&반찬

토마토소스

이유식 기간에는 간이 없는 음식만 먹던 아이도 조금씩 간을 한 음식을 먹다 보면 간이 안 된 음식을 맛없게 느끼기도 합니다. 어느새 소금기에 익숙해진 아이들에게 나트륨 배출에 좋은 토마토나 오이를 챙겨 먹여보세요. 특히 홈메이드 토마토소스를 미리 만들어두면 이곳저곳 요리에 쓸 일이 많습니다.

재료 준비   토마토 2개, 양파 1/2개, 다진 마늘 1작은술, 올리브유 1작은술, 파슬리·바질·월계수 잎·후추 약간

토마토는 열십자로 칼집을 낸 뒤 끓는 물에 삶은 다음 껍질을 벗겨 으깬다.

냄비에 올리브유를 두르고 다진 마늘을 볶다 다진 양파를 넣어 함께 볶는다.

2의 냄비에 1의 으깬 토마토를 넣고 보글보글 끓인다.

파슬리, 바질, 월계수 잎, 후추를 넣고 조려서 완성한다.

Tip
열소독한 유리병에 담아 보관하면 오래 두고 먹을 수 있어요.

점심 국&반찬

표고버섯들깨볶음

버섯을 좋아하는 저희 아이는 표고버섯들깨볶음도 무척 잘 먹습니다. 햇볕에 말린 표고버섯에는 비타민D가 풍부하고, 들깨는 알칼리성 식품으로 오메가3 지방산이 풍부해 아이들에게 필요한 영양소를 충족시켜주는 알찬 반찬이에요.

재료 준비 표고버섯 45g, 당근 15g, 양파 15g, 다진 마늘 1/4작은술, 들깻가루 1작은술, 참기름·후추 약간

표고버섯, 당근, 양파는 먹기 좋은 크기로 채 썬다.

참기름을 두른 팬에 다진 마늘을 볶아 향을 낸 다음 1의 채소를 넣고 볶는다.

당근이 익으면 들깻가루와 후추를 넣고 볶아 마무리한다.

오후의 활동을 이어갈 수 있는 힘, 점심

점심 국&반찬

푸딩달걀찜

수프식 달걀찜은 부드러워 아이들이 먹기에 좋지요. 질감이 푸딩과 같아서 푸딩달걀찜이라고 이름을 붙여봤어요. 달걀요리를 싫어하는 아이도 푸딩달걀찜을 밥에 비벼주면 잘 먹는답니다.

재료 준비　다시마 4조각, 달걀 2개, 물 250mL

1. 냄비에 다시마와 물을 넣고 중불에서 10분간 끓여 다시마국물을 만든다.

2. 달걀 2개를 거품기로 잘 풀어준 뒤 다시마국물을 넣고 고루 섞는다.

3. 달걀물을 고운 체에 두 번 정도 거른다.

4. 3을 용기에 담은 뒤 랩을 씌운다.
※ 랩을 씌우면 수증기가 달걀찜 안으로 들어가는 걸 막아줍니다.

5. 냄비에 물을 붓고 삼발이 위에 4를 얹은 다음 중불에서 끓인다. 달걀찜이 보글보글 끓으면 약불로 줄인 뒤 냄비 뚜껑을 덮고 10분 정도 찐다.

Tip

부드러운 달걀찜을 만들기 위해선 어떻게 찌느냐가 중요합니다. 처음에 냄비 뚜껑을 열고 중불에서 끓이다가 약불로 줄인 뒤 냄비 뚜껑을 덮고 달걀찜 표면을 봐가면서 시간을 조절합니다.

오후의 활동을 이어갈 수 있는 힘, 점심

철 결핍성 빈혈

철 결핍성 빈혈은 생후 6개월에서 만 3세 사이에 가장 많이 나타납니다. 빈혈이 있는 아이에게 흔히 나타나는 증상으로는 우선 창백한 모습입니다. 쉽게 지치고 더 잘 보채며 식욕이 줄어듭니다. 아이는 잘 안 먹고 짜증만 늘어가니 엄마로서는 이런저런 방법으로 달래보지만 소용없어 결국, 아기에게는 젖이나 분유를 물려 진정시키고 큰 아이에게는 달콤한 간식으로 순간을 모면하는 일이 늘어납니다. 이로 인해 식욕은 더 떨어지고 이유식이나 끼니를 제대로 먹지 못해 빈혈이 더 악화되는 악순환이 반복됩니다. 흙이나 돌멩이, 종이 등 음식이 아닌 것을 먹으려고 하는 이미증(이식증)을 보이는 아이도 있습니다. 혀나 입술 주변의 염증이 반복되거나 손톱이 숟가락 모양으로 바뀔 정도라면 상당히 심한 철 결핍성 빈혈일 가능성이 높습니다.

철분이 부족한 아이는 감염에도 취약합니다. 성장도 더딘 모습을 보이며 신경학적 발달에도 악영향을 줍니다. 철분의 부족으로 인한 인지 기능 및 운동의 발달 지연은 빈혈을 치료한 후에도 회복되지 않을 수 있습니다. 혈색소 수치는 정상이지만 저장 철분이 부족한 상태인 철 결핍만으로도 주의력, 각성도 및 학습 능력에 영향을 끼친다는 보고들이 있습니다. 그러므로 영유아기의 철분 결핍은 심각한 질병으로 생각하고 적극적으로 대처해야 합니다.

철 결핍성 빈혈은 생후 6개월 이후에서는 흔히 볼 수 있습니다. 태어나기 전 엄마에게 받은 철분은 점점 소모되어 4~6개월경부터는 부족해지기 시작하고 출생 체중의 3배가 되는 시기에는 거의 완전히 소진하게 됩니다. 이 시기에 철분이 풍부한 이유식의 보충이 적절히 진행되지 않는다면 빈혈이 생길 가능성이 매우 높아집니다. 최근의 연구에서는 모유수유아는 4~6개월 사이에 이유식 외에 따로 철분을 보충할 것을 권하고

있습니다. 어떤 이유로 설사가 지속되는 경우에도 빈혈이 일어날 수 있습니다. 그리고 지나치게 빠른 체중의 증가도 빈혈이 생기는 이유 중 하나입니다. 아이의 체중이 급격히 늘어난다고 항상 엄마의 잘못은 아니지만 그럴수록 이유식을 잘 먹이고 철분의 보충에 대해 소아청소년과 의사와 상의하는 게 좋습니다. 만 3세 이후에는 단순히 안 먹어서 생기는 철 결핍성 빈혈은 드물며 만성 위장관 질병이 동반된 경우가 많습니다.

철분이 부족한 아이는 식욕이 떨어지고 짜증이 많으며 감염에 취약하고 성장과 뇌 발달이 지연될 수 있습니다. 철 결핍을 예방하기 위해서는 과도한 체중 증가를 피하도록 하고 적절한 시기에 이유식과 철분 보충을 시작해야 합니다. 이를 위해서는 단순히 아이를 달래고 재우기 위한 수유를 최소화하고 4~6개월경 영유아 검진이나 소아청소년과 의사와의 상담을 통해 아이의 적절한 성장, 이유식의 시작 시기와 철분의 보충에 대해 상의해보세요. 분유수유아도 역시 이유식을 적절히 진행해야 합니다.

만약 의사가 철분의 보충을 권하였다면 처방된 용량에 따라 꾸준히 먹이세요. 미숙아나 저체중출생아는 만삭아에 비해 저장 철분이 부족하기 때문에 4개월 이전부터 철분 보충을 권하는 일이 많습니다. 철분은 육류뿐 아니라 채소 등 여러 식재료에 함유되어 있지만 육류 외의 철분은 흡수율이 5% 정도밖에 되지 않습니다. 고기를 잘 먹여야 합니다. 과일, 과즙 등은 철분의 흡수를 증가시키지만 식욕을 방해할 정도로 먹이지는 말아야지요. 유제품은 철분의 흡수를 방해합니다. 특히 치료 목적으로 철분제를 먹일 때는 하루 500mL 이상 섭취하지 않도록 합니다.

Doctor's Advice

변비

변비는 아이에게 흔한 증상입니다. 질병으로서의 변비는 몇 가지 다른 진단 기준이 있지만, 부모의 입장에서 볼 때는 그저 '아이가 대변을 힘들게 본다'는 느낌이 들어도 변비라고 할 수 있습니다.

변비가 생기는 이유는 태어날 때부터 소화기관의 형태에 문제가 있는 경우부터 좋지 않은 식습관이나 잘못된 배변 훈련에 이르기까지 다양합니다. 여러 원인에 의해 힘들게 배변하는 일이 반복된다면 아이가 의도하든 의도하지 않든 대변을 참게 되며, 적체된 대변은 직장을 늘어나게 만들고, 직장이 늘어날수록 더 많은 대변이 모여야 변의를 느끼게 되고 배변시에 수축력이 떨어지며, 더 많은 대변이 더 오랜 시간동안 직장에 머물수록 대변의 수분이 감소하여 딱딱해집니다. 참다 못해 대변을 누면 다시 직장과 항문에 상처가 생기면서 악순환을 반복합니다. 변비를 치료하는 과정은 이런 악순환을 끊어주는 일입니다. 증상이 오래되고 심할수록 음식을 조절하거나 유산균을 먹이는 정도로는 해결되지 않으므로 꼭 의사에게 진료받는 게 안전합니다.

변비를 치료하기 위해서는 보통 3~6개월 이상의 시간이 필요합니다. 소아에서 사용하는 변비치료제는 장기간 복용해도 안전할 뿐만 아니라 그렇게 해야 합니다. 부모 마음에서는 아이가 '약'을 오래 먹는 게 마땅찮을 수밖에 없습니다. 처음부터 변비가 생길 만한 원인을 차단하고 예방하는 게 좋겠지만, 변비약을 처방받는다면 임의로 중단하지 마세요.

항문이나 직장의 기형과 같은 구조적인 이상이나 갑상선 질환 등 이미 질병이 있는

상황에서 생기는 변비는 음식이나 생활 습관을 조절하여 예방할 수 없습니다. 전문의에게 치료받아야 합니다. 설탕과 같이 단순당이 많은 음식을 자주 섭취하거나 파스타와 같이 정제되고 가공된 탄수화물 그리고 튀김 등 포화지방이 많은 음식, 핫도그나 햄 등의 가공육류를 많이 먹을 때 변비는 더 잘 발생하는 것으로 알려져 있습니다. 특히 유제품은 유아기 변비의 흔한 원인입니다.

채소와 과일, 통곡물, 콩류, 견과류 등은 식이섬유가 많고 건포도나 건크랜베리 등 말린 과일에는 솔비톨이 풍부해 배변을 쉽게 만듭니다. 어떤 한 가지 음식으로 변비를 해결하려는 시도보다는 다양한 식재료를 골고루 먹는 습관을 만들어주는 게 더 바람직한 예방 및 치료방법입니다. 음식과 더불어 끼니와 간식 모두 일정한 시간에 일정한 장소에서 먹도록 하는 규칙적인 식습관도 중요합니다. 규칙적인 식습관은 아이의 식욕을 방해하지 않고 적절한 양을 먹을 수 있도록 도와줍니다. 규칙적인 식습관은 자율신경계의 조절 아래에 있는 소화기관의 기능 역시 규칙적으로 일하도록 만듭니다. 변비가 심하고 오래될수록 식욕이 떨어지는 일이 많은데 이로 인해 식사량이 감소하면 이른바 '밀어내기'가 안되어 변비가 더 악화되는 또 다른 악순환이 만들어질 수 있습니다. 다양한 음식을 아이에게 제공하는 일과 더불어 규칙적인 식습관도 같이 챙겨주어야 합니다.

×××××××× CHAPTER 4 ××××××××
아침까지의 공복을 잊게 만드는 즐거움,
저녁

××××××××××× **의사 아빠의** 저녁 식사에 대한 조언 ×××××××××××

가족이 따로 먹는 경우는 있어도 저녁 식사를 거르는 가정은 보기 어렵습니다. 다른 끼니에 비해 그 다음 끼니를 먹을 때까지의 시간이 길기 때문에 거르고 나면 몹시 괴로운 상황이 됩니다. 저녁 식사를 준비할 때 영양면에서는 과식과 폭식을 주의해야겠지만 아침 식사처럼 어떤 부분을 강조할 필요는 없습니다.

가족 모두 모인 저녁 식사가 특별한 날에만 가능한 가정이 많아졌습니다. 이제는 현실과 동떨어진 느낌이더라도 저녁 식사는 가족이 함께하는 시간이라는 이미지는 여전합니다. 가족이 함께하는 식사는 막연한 기대 이상으로 아이에게 이롭습니다.

가족이 함께하는 저녁 식사는 아이의 건강을 지켜준다

무엇보다 가족이 함께하는 끼니가 많을수록 과체중을 예방할 수 있습니다. 가족이 함께하는 끼니가 많을수록 아이가 건강에 이로운 음식을 당연하게 선택할 가능성이 높아지기 때문입니다. 가족이 함께하는 끼니가 많을수록 식욕

부진이나 폭식증, 거식증 등의 섭식장애가 발병할 가능성이 낮아집니다. 가족이 함께하는 끼니가 많을수록 사회적·심리적 문제가 덜 발생하거나, 불편한 상황을 더 잘 이겨내기 때문입니다. 가족이 함께하는 끼니는 따돌림이나 괴롭힘을 받는 아이에게도 안전과 가족의 지지를 확인하는 시간이 됩니다.

   아이에게 외부 혹은 가족 내에서 갈등이 생겼을 때 일부러 대화를 시도하는 일은 상황을 더 악화시키기도 합니다. 아이 입장에서는 그저 꾸중 듣고 잔소리 듣는 시간일 수 있어 피하게 됩니다. 저녁 식사 또는 아침 식사는 모두가 함께한다는 식의 가정 내 규칙이 있다면 자연스럽게 대화를 시도할 수 있습니다. 가족 내에서 갈등과 오해를 줄이고 형제간의 다툼을 줄이고 특히 사춘기 아이와 다툼을 줄이는 방법으로 '특별한 일상'을 권하는 의견이 있습니다. 특정한 시간이나 요일에 함께 산책하거나 운동하기 또는 주 1~2회의 종교 활동이나 취미 활동처럼 규칙적이지만 특별한 목적은 없는 시간입니다. 그런 방법 중 가장 간단한 것은 그저 하루 한 끼를 같이 먹는 것입니다.

저녁

베이컨마늘볶음밥

마늘을 아이한테 주기가 좀 겁날 때가 있죠. 찬물에 담가 매운맛을 빼고 달달 볶으면 마늘의 고소한 맛을 느낄 수 있어요. 매운맛은 줄이고 마늘의 좋은 성분을 섭취할 수 있습니다.

재료 준비 | 베이컨 20g, 파프리카 30g, 마늘 1개, 올리브유 약간, 밥 100g, 후추 약간

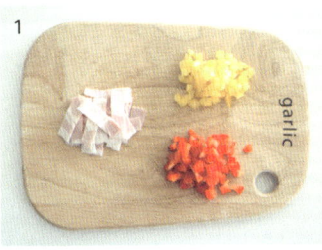

베이컨은 먹기 좋은 크기로 자르고, 파프리카는 곱게 다진다.

마늘은 편으로 썰어 10분간 찬물에 담가 매운맛을 뺀다.

팬에 올리브유를 조금 두르고 베이컨을 먼저 볶는다. 그러고 나서 한쪽에 마늘을 노릇하게 볶아낸다.

파프리카를 넣고 함께 볶는다.

밥을 넣고 고슬고슬하게 볶은 뒤 후추를 넣어 완성한다.

Tip

밥을 볶을 때 주걱으로 너무 많이 치대면 밥이 더 뭉치므로 되도록 주걱 끝으로 가볍게 볶아주세요.

저녁

생선커틀릿

생선커틀릿 만들기를 막연히 어렵게만 생각했다면 깜짝 놀라실 거예요. 이렇게 쉬웠나 싶을 정도로 간단하고 만들어두면 오래 먹을 수 있거든요. 생선커틀릿은 되도록 흰살 생선으로 만들어주세요. 단단한 대구살이나 동태살이 부숴지지 않아 만들기 좋아요. 레몬타르타르소스(만드는 법은 259쪽 참조)와 함께 곁들이면 근사한 한 그릇 요리가 됩니다.

 **재료 준비** 동태살 50g, 달걀 1개, 밀가루·빵가루 적당량, 후추 약간

동태살은 키친타월에 올려 물기를 제거하고 후추를 뿌려 밑간을 한다.

1의 동태살에 밀가루, 달걀물, 빵가루 순으로 튀김옷을 입힌다.

180도 기름에 바삭하게 튀겨낸다.

Tip

아이가 아직 어려 튀김요리를 주기 부담스럽다면 프라이팬에 굽듯이 만들거나 에어프라이어를 이용해도 좋아요.

저녁

소고기찹쌀구이

그냥 구워만 줘도 좋아하는 소고기에 찹쌀가루를 입히니 쫀득한 식감 때문에 아이가 더욱 잘 먹어요. 익숙한 재료에 다른 재료를 조금만 가미해줘도 색다른 요리가 완성된답니다.

재료 준비 소고기 100g, 찹쌀가루·부추·식용유 약간
양념장 재료 간장 2작은술, 매실액 1/2작은술, 청주·다진 마늘·참기름 각 1/4작은술, 깨·후추 약간

1. 소고기는 키친타월로 눌러 핏물을 빼준다.

2. 분량의 양념장 재료를 모두 섞어 양념장을 만든다.

3. 소고기를 양념장에 10분 정도 재워둔다.

4. 3의 소고기에 찹쌀가루를 입힌다.

5. 식용유를 두른 팬에 4의 소고기를 굽는다.

저녁

어린이닭백숙

더운 여름, 입맛이 없을 때면 아이에게도 보양식을 만들어주고 싶어집니다. 그렇지만 약재나 인삼이 잔뜩 들어가는 어른용 닭백숙은 아이에게는 너무 강한 보양식이에요. 대신 입맛을 돋게 하는 대추와 구기자를 넣고 푹 고아 아이용 닭백숙을 만들어봤어요.

재료 준비　영계닭 1마리, 양파 40g, 대추·통마늘 각 5알, 구기자 3g, 찹쌀 30g, 물 600mL

닭은 깨끗이 씻고, 양파, 대추, 통마늘, 구기자를 씻어 준비한다.

냄비에 닭과 양파, 대추, 통마늘, 구기자, 찹쌀, 물을 붓고 40분 이상 푹 끓인다.

저녁

연어스테이크

연어는 슈퍼푸드로 알려진 영양이 풍부한 생선이죠. 가시가 없고 살이 많아 아이에게 주기 좋은 생선이에요. 한 덩이 사서 아이와 온 가족이 함께 먹으면 근사한 외식이 부럽지 않아요. 특히 아이도, 아빠도 잘 먹어서 자주 하는 메인 메뉴입니다.

 **재료 준비**　　연어 100g, 브로콜리 20g, 로즈메리 약간, 올리브유 50mL, 소금·후추 약간

연어에 소금과 후추를 바르고 로즈메리를 넣고 올리브유를 부어 재운다. 그 상태로 30분간 숙성한다.

브로콜리는 끓는 물에 데친 후 자른다.

숙성이 완료된 연어를 프라이팬에 노릇하게 굽는다. 레몬타르타르소스(259쪽 참조)와 브로콜리를 함께 곁들인다.

저녁

짜장밥

아이가 처음 맛보는 짜장은 꼭 제가 만들어주고 싶었어요. 춘장을 튀기거나 볶아서 만드는 게 아니라 짜장가루를 이용해 간편하게 만들 수 있어서 부담스럽지 않아요. 짜장 안에 토마토를 넣으면 짠맛을 중화시켜주고 갖은 야채와 소고기까지 어우러져 영양 만점 한 그릇 음식이 됩니다.

재료 준비 소고기·애호박·감자·양파·당근·방울토마토 각 20g, 짜장가루 10g, 물 200mL, 올리브유 약간

1. 야채는 먹기 좋은 크기로 썬다.

2. 소고기는 찬물에 1시간 정도 담가 핏물을 제거한다.

3. 올리브유를 살짝 두른 팬에 소고기를 먼저 볶는다.

4. 3에 야채를 넣고 양파가 살짝 물러질 때까지 볶는다.

5. 4에 짜장가루, 물을 넣고 야채가 완전히 익을 때까지 끓인다.

저녁

찹스테이크

찹스테이크는 평소에 먹기 힘든 음식이란 생각이 있어요. 저는 이 요리를 특히 크리스마스 때 별식으로 많이 먹었어요. 소고기를 좋아하는 아이에게 좀 특별한 고기요리를 만들어주고 싶어서 조리법은 간단하면서도 색다른 맛이 있는 찹스테이크를 만들어주었어요. 역시 엄지 척! 실패 없는 메뉴였어요.

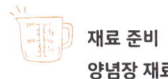

재료 준비 소고기 70g, 피망 40g, 양파 30g, 올리브유·후추 약간
양념장 재료 토마토케첩 2작은술, 굴소스 1작은술, 배즙 1.5작은술

1. 소고기, 피망, 양파는 같은 크기로 깍둑썰기를 한다.

2. 올리브유를 두른 팬에 소고기를 겉면만 살짝 익힌다. 이때 후추도 넣는다.

3. 피망과 양파를 넣고 소고기가 익을 때까지 같이 볶는다.

4. 토마토케첩, 굴소스, 배즙으로 양념장을 만든다.

5. 3에 양념장을 넣고 살짝 간이 배도록 볶아 완성한다.

저녁

채소쌈밥과 아기쌈장

아이에게 다른 음식은 줘도 쌈을 주는 건 꺼리는 엄마들이 많을 거예요. 아이가 소화하기에 부담스러울 거라 생각되니까요. 호박잎이나 양배추를 푹 쪄서 부드럽게 만들어 자극적이지 않은 아기용 쌈장을 곁들이면 건강한 한입 주먹밥이 완성됩니다. 쌈장을 넉넉히 만들어두었다가 그냥 밥에 비벼줘도 아이가 잘 먹어요. 알레르기가 있는 아이라면 견과류를 추가할 때는 주의하세요.

재료 준비 호박잎 10장, 양배추 10장, 밥 100g
쌈장 재료 파프리카·당근·양파·양배추 각 10g, 견과류 50g, 물 5mL, 미소 2작은술

호박잎과 양배추는 쪄서 준비한다.

파프리카, 당근, 양파, 양배추는 각각 잘게 다진다.

냄비에 물을 담고 2의 다진 채소를 삶듯이 끓여 익힌다.

3에 견과류를 다져 넣는다.

미소를 넣고 물기가 없을 때까지 졸이면 쌈장이 완성된다.

찐 호박잎과 양배추에 밥과 아기용 쌈장을 적당량 넣고 싸서 쌈밥을 완성한다.

저녁

치킨카레덮밥

카레는 유아식의 꽃이라고 해야 할까요? 엄마들이 카레를 먹는 아이의 모습을 보면 어느새 아이가 다 컸다고 느끼게 됩니다. 달달 볶은 야채와 고기, 그리고 몸에 좋은 카레가루까지. 마지막으로 우유와 생크림을 넣으면 더 고소하고 부드러운 카레를 만들 수 있답니다.

재료 준비 닭고기 안심 120g, 당근·사과·감자·양파 각 30g, 카레가루 40g, 물 450mL, 우유 20mL, 생크림 30mL, 올리브유 약간

1. 닭고기 안심은 먹기 좋은 크기로 자른다.

2. 당근, 사과, 감자, 양파는 깍둑썰기를 한다.

3. 냄비에 올리브유를 두르고 닭고기를 먼저 볶는다.

4. 나머지 재료를 넣고 함께 볶는다.

5. 카레가루를 물에 갠다.

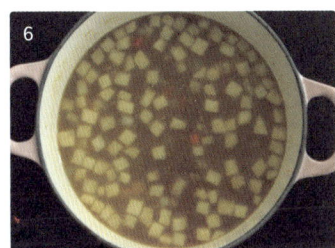

6. 4에 나머지 물과 5의 카레가루를 넣고 끓인다.

7. 어느 정도 졸아들면 생크림과 우유를 넣고 한소끔 끓여 마무리한다.

저녁

콩나물밥과 소고기볶음장

아삭한 콩나물과 소고기볶음장을 슥슥 비벼먹으면 콩나물을 잘 먹지 않던 아이도 너무 잘 먹습니다. 평소에 콩나물반찬을 잘 먹지 않던 저희 아이는 콩나물밥을 만들어주면 평소보다 밥을 더 잘 먹는답니다.

재료 준비 콩나물 35g, 쌀 50g
소고기볶음장 재료 다진 소고기 20g, 간장·매실액 각 7g, 깨소금 3g, 후추·참기름 약간

1. 콩나물은 깨끗이 씻는다.

2. 쌀을 씻어 밥솥에 안치고 밥물은 평소보다 적게 맞춘다.
※ 콩나물에서 물이 나오기 때문에 물의 양을 꼭 조절하세요.

3. 밥물을 맞춘 밥솥에 콩나물을 넣고 밥을 짓는다.

4. 분량의 양념장 재료를 모두 넣고 10분 정도 재운다.

5. 냄비에 재운 양념장을 졸여서 완성하고, 콩나물밥에 곁들인다.

아침까지의 공복을 잊게 만드는 즐거움, 저녁

저녁

파에야

스페인의 대표적인 음식인 파에야를 아이와 함께 즐겨보세요. 아이에게 익숙한 카레가루를 이용해 만들어 친근하지만 카레와는 다른 질감과 맛을 선사해줍니다. 스페인식 볶음밥이라고 생각하면 쉽고, 해물 대신 다양한 재료를 이용해 응용 가능하답니다.

 **재료 준비** 불린 쌀 50g, 갖은 해물 80g, 카레가루 1/2작은술, 다시마국물 200mL, 양파 20g, 마늘 2g, 화이트와인 1/4작은술, 올리브유 약간

해물은 깨끗이 씻어 준비하고, 양파와 마늘은 다진다.

팬에 올리브유를 두르고 마늘과 양파를 볶아 향을 낸다.

2에 해물을 넣고 반 정도 익었을 무렵 화이트와인을 넣고 볶는다.
※ 이때 뚜껑을 열고 볶아야 알콜 성분이 날아갑니다.

불린 쌀을 넣고 살짝 볶다가 다시마국물을 넣고 국물이 자작해질 때까지 볶는다. 물이 줄어들면 뚜껑을 덮고 뜸을 들여 완성한다.

저녁

해물볶음밥

다양한 해물이 들어간 요리를 좋아하는 식구들을 위해 갖은 해물을 넣고 볶음밥을 만들었어요. 소분해서 냉동실에 재료를 넣어두고 바쁠 때 재빨리 만들어주기 좋아요. 해물의 영양뿐만 아니라 채소까지 충분히 섭취할 수 있는 만점 요리랍니다. 감칠맛의 비법은 버터 한 조각이라는 것도 잊지마세요!

재료 준비   갖은 해물 80g, 파프리카·애호박·당근·양파 각 10g, 밥 100g, 무염버터 5g, 굴소스 1/4작은술, 참기름 약간

1. 파프리카, 애호박, 당근, 양파는 각각 곱게 다진다.

2. 갖은 해물은 깨끗이 씻어 준비한다.

3. 팬에 버터를 두른 후 2의 해물을 넣고 빠르게 볶는다.

4. 다른 팬에 야채를 볶은 후 3의 프라이팬에 합친다.

5. 해물과 야채를 같이 볶다가 굴소스를 넣고 볶는다.

6. 밥을 넣고 고슬고슬하게 볶다가 참기름을 넣어 마무리한다.

아침까지의 공복을 잊게 만드는 즐거움, 저녁

저녁

두부밥샌드위치

두부 패티는 만들어두면 유용하게 사용할 수 있어요. 밥에 넣어서 밥샌드위치를 만들어도 좋고, 반찬으로 부쳐서 줘도 좋아요. 모닝빵에 야채와 같이 넣어 버거를 만들어도 맛있는 별미가 된답니다.

 **재료 준비** 두부1/2모, 밥 100g, 당근·대파·파프리카 각 15g, 빵가루 2작은술, 소금·올리브유 약간

당근, 대파, 파프리카는 곱게 다진다.

두부는 면 보자기에 넣고 꼭 짜 물기를 제거한다.

1, 2를 볼에 넣고, 빵가루, 소금을 넣어 치대서 동글납작하게 빚는다.

올리브유를 두른 프라이팬에 두부 패티를 굽는다.

밥도 동그랗게 모양을 잡아 마른 팬에 살짝 굽는다.

밥 위에 두부 패티를 얹고 다시 밥을 덮어 샌드위치를 완성한다.

저녁

낫토김밥

유산균이 풍부하고, 장 건강에 좋은 낫토지만 아이에게 먹이기엔 조심스럽습니다. 열에 약한 유산균 때문에 익혀서 먹으면 소용없는 낫토를 김밥 재료로 이용해 돌돌 말아주면 아이도 콩으로 알고 잘 먹어요. 이때 낫토 특유의 향은 참기름으로 잡아주고, 겨자를 조금 넣어도 좋아요.

재료 준비 김밥용 김 1장, 낫토 30g, 오이 22g, 밥 100g, 참기름·참깨 약간

뜨거운 밥에 참기름과 참깨를 넣고 비빈다.

오이를 채 썰어 낫토와 함께 준비한다.

김을 1/3 등분한 다음 밥을 펼쳐놓고 낫토와 오이를 올려 돌돌 만다.

저녁

굴비주먹밥

굴비는 철분을 가장 많이 함유하고 있는 생선으로 육류를 거부하는 아이에게 철분을 보충해줄 수 있는 좋은 식재료입니다. 아이가 좋아하는 주먹밥 안에 굴비 살을 찢어 넣는다면 맛도 챙기고 건강도 챙길 수 있어요.

 **재료 준비**　굴비(중간사이즈) 1마리, 밥 100g, 들기름 1/4작은술, 주먹밥 가루 약간

굴비는 깨끗이 씻어 손질한 뒤 찜통에 쪄서 완전히 익힌다.

굴비살을 가시가 없도록 발라낸다.

밥에 들기름과 주먹밥 가루를 섞은 뒤, 밥 속에 굴비살을 넣고 뭉쳐서 주먹밥을 완성한다. ※ 김이나 치즈 등으로 모양을 내면 아이가 더 좋아해요.

저녁

굴림만둣국

남편과 밤새 굴려서 만든 굴림만두로 아이에게 처음 만둣국을 끓여줬는데 어찌나 잘 먹는지요. 한 번 만들면 냉동실에 보관했다 필요할 때마다 꺼내서 다양한 요리를 만들 수 있어 좋습니다. 게다가 육류, 채소를 골고루 먹일 수 있어서 영양도 책임지는 기특한 메뉴입니다.

 **재료 준비** 숙주 35g, 양파 25g, 부추 15g, 배추 30g, 두부 1/2모, 달걀노른자 1개, 빵가루 20g, 다진 돼지고기 150g, 멸치다시마국물 550mL, 대파 약간, 달걀 1개, 후추·밀가루 약간

1. 양파, 부추, 배추는 곱게 다지고, 숙주는 데 쳐서 다진다.

2. 볼에 양파, 부추, 배추, 숙주를 넣고, 물기를 짠 두부, 달걀노른자, 빵가루, 후추를 넣고 여러 번 치댄다.

3. 치댄 반죽을 동그랗게 빚는다.

4. 빚은 만두를 밀가루에 굴린다.

5. 4를 끓는 물에 데친다. 냉동실에 보관할 때는 데친 뒤 식혀 보관한다.

6. 멸치다시마국물이 끓어오르면 굴림만두를 넣고 끓이다 대파, 달걀을 풀어 넣고 한소끔 더 끓인다.

저녁

당근감자수제비

수제비는 사실 아이보다 엄마가 더 좋아하는 메뉴이지요. 비 오는 날에 잘 어울리는 수제비를 아이와 함께 만든다면 아이는 무척 신날 거예요. 당근을 싫어하는 아이도 주황색 빛깔에 한 그릇 뚝딱 해치우겠죠.

 **재료 준비** 당근·감자·중력분 각 50g, 물 30mL, 멸치국물 350mL, 다진 마늘 1/4작은술, 대파 약간

1

당근을 깨끗하게 손질한 뒤 믹서에 간다.
※ 당근만 넣고 갈면 갈리지 않으니 물을 넣고 함께 갈아줍니다.

2

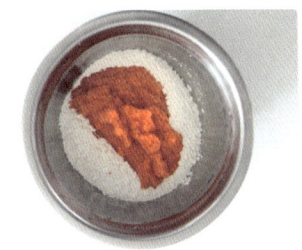

1에 중력분을 넣고 치대 반죽을 만든다.

3

반죽을 너무 묽지 않게 조절해 덩어리로 만든다.

4

멸치국물에 감자, 다진 마늘을 넣고 수제비 국물을 끓인다.

5

물이 끓으면 반죽을 먹기 좋은 크기로 떼어 내어 넣는다.

6

반죽이 떠오르면 수제비가 다 익은 것이다. 이때 감자를 찔러보고 익었으면 어슷하게 썬 대파를 올려 마무리한다.

아침까지의 공복을 잊게 만드는 즐거움, 저녁

저녁

떠먹는감자피자

아이에게 피자를 먹이고 싶지만 재료나 칼로리 때문에 꺼려하는 엄마에게 추천하는 메뉴입니다. 밀가루 반죽 대신 감자나 고구마 등 식감이 부드러운 구황작물을 으깨서 사용하면 떠먹을 수 있어서 아이들이 먹기 편하고, 엄마도 안심하고 먹일 수 있답니다.

재료 준비 찐 감자 150g, 옥수수 30g, 양송이버섯 23g, 양파 25g, 모차렐라치즈 50g, 토마토소스 30g

옥수수는 한번 데치고, 양송이버섯과 양파는 먹기 좋게 썰어준다. 토마토소스는 191쪽을 참고하여 만든다.

감자는 포실하게 쪄서 뜨거울 때 으깬다.

오븐용기에 으깬 감자를 깔고, 토마토소스, 양파, 옥수수, 양송이버섯을 올린다.

모차렐라치즈를 골고루 뿌리고 190도로 예열한 오븐에서 10분간 굽는다.

저녁

미트볼파스타

엄마표 미트볼은 어떤 맛일까요? 왠지 믿음직스럽지 못한 시판 미트볼 말고 엄마가 직접 아이 입맛에 맞게 미트볼을 만들어보세요. 한 번 만들 때 넉넉히 만들어 냉동실에 보관했다가 그때그때 꺼내 쓰면 비장의 반찬으로 사용하기 참 좋아요. 평소에 잘 먹지 않는 채소를 같이 넣어서 만들면 더욱 좋지요. 미트볼은 소스와 함께 파스타나 스튜, 볶음요리에 활용해도 참 좋은 메뉴랍니다.

재료 준비 다진 소고기·다진 돼지고기 각 150g, 양파·당근·표고버섯·다진 파 각 15g, 달걀노른자 1개, 쌀가루 20g, 후추·파슬리·바질가루 약간

파스타 재료 토마토소스 5큰술, 스파게티 면 60g

1. 다진 소고기, 다진 돼지고기, 각종 다진 채소, 달걀노른자, 쌀가루, 후추, 파슬리, 바질가루를 한꺼번에 볼에 넣고 치댄다.

2. 치댄 반죽을 아이가 먹기 좋은 크기로 동그랗게 빚는다.

3. 끓는 물에 미트볼을 넣고 20분간 익힌다.

4. 끓는 물에 스파게티 면을 넣고 15분 정도 충분히 삶는다.

5. 팬에 토마토소스를 살짝 볶은 다음 미트볼을 넣고 섞는다.

6. 스파게티 면과 함께 버무려 완성한다.

Tip 토마토소스 만들기는 191쪽을 참고하세요.

저녁

봉골레스파게티

깔끔한 봉골레스파게티를 아이와 함께 먹으려고 만들어보았어요. 면 요리를 좋아하는 아이라면 스파게티 면도 후루룩 쩝쩝 잘 먹거든요. 아기 봉골레스파게티라도 만드는 법이 크게 어렵거나 다르지 않아요. 와인을 넣지 않고 마늘의 양만 줄이면 간을 하지 않아도 충분히 맛있는 봉골레스파게티가 됩니다.

재료 준비   바지락 150g, 애호박 20g, 스파게티 면 60g, 면 삶은 물 70mL, 다진 마늘 1/2작은술, 양파가루 약간, 올리브유 약간

1

바지락은 소금물에 30분 이상 담가서 해감한다.

2

애호박은 채를 썬다.

3

끓는 물에 스파게티 면을 15분 이상 충분히 삶는다. 면 삶은 물은 버리지 않고 둔다.

4

올리브유를 두른 팬에 다진 마늘과 애호박을 살짝 볶아낸다.

5

4에 바지락을 넣고 센 불에서 살짝 볶는다.

6

5에 면 삶은 물을 붓는다.

7

뚜껑을 덮고 바지락이 입을 벌릴 때까지 끓인다.

8

7에 스파게티 면을 넣고 함께 볶는다.

저녁

잔치국수

대부분의 아이들은 면 요리를 좋아해요. 부드럽게 넘어가는데다 후루룩 먹는 느낌이 재미있어서 그런 것 같아요. 저희 아이가 가장 잘 먹는 건 잔치국수예요. 만드는 법도 어렵지 않고 어른과 아이가 같이 먹을 수 있어 자주 준비합니다. 국수국물을 만들어 얼려두었다가 필요할 때 꺼내서 끓이면 라면 못지않게 쉽게 만들 수 있어요.

 **재료 준비**　국물 주머니 1개(국물용 멸치 10g, 건새우 2g, 다시마 5g), 물 500mL, 소면 60g, 애호박 20g, 당근 15g, 김 약간

냄비에 물을 붓고 국물 주머니를 넣고 국물을 우려낸다.

애호박과 당근은 같은 크기로 썬다.

팬에 애호박과 당근을 각각 볶는다.

끓는 물에 소면을 삶는다.
※ 한 번 끓어오르면 찬물을 두 차례 부어 쫄깃한 면발을 만들어주세요.

찬물에 소면을 여러 번 씻어 전분기를 제거하고 체에 받친다. 그릇에 면과 볶아둔 애호박과 당근을 담고 국물을 부으면 완성이다.

저녁 국&반찬

건새우콩나물국

단순한 요리일수록 맛을 내기가 어려운 경우가 있어요. 그래서 의외로 콩나물국 끓이는 걸 어렵게 생각하는 엄마들도 있죠. 건새우를 넣고 끓이면 고소하고 새우 특유의 향과 맛 때문에 아이 어른 할 것 없이 누구나 좋아한답니다. 멸치국물보다 짠맛도 덜해서 우리 집 인기 메뉴예요.

재료 준비 콩나물 90g, 건새우 15g, 다진 마늘 1/4작은술, 대파 약간, 다시마가루 1/4작은술, 물 500mL

건새우는 마른 팬에 볶는다.

물과 콩나물을 넣고 콩나물이 숨이 죽을 때까지 끓인다.

다진 마늘, 대파, 다시마가루를 넣고 한소끔 더 끓인다.

저녁 국&반찬

아욱된장국

가을 아욱은 문 닫고 먹어야 할 정도로 맛있다죠. 가을에 제철인 아욱으로 맛있게 된장국을 끓여주세요. 저희 아이도 아욱된장국은 혼자서 마구 퍼먹으려 해서 제가 오히려 말려야 할 때도 있어요. 별도의 국물을 낼 필요 없이 쌀뜨물로 만들어 더욱 구수한 아욱된장국입니다.

 **재료 준비** | 아욱 70g, 양파 40g, 쌀뜨물 450mL, 저염 된장 1작은술

아욱은 깨끗이 씻은 뒤 억센 줄기 부분은 빼고 잎 부분만 먹기 좋은 크기로 자른다.

양파는 채 썬다.

쌀뜨물에 된장을 풀고 끓인다.

3에 아욱과 양파를 넣고 보글보글 끓인다.

Tip
아욱은 다른 잎채소에 비해 다소 억세니 푹 끓여주세요.

저녁 국&반찬

두부치즈전

그냥 두부부침은 재미없으니까 주욱 늘어나는 치즈를 얹어서 구워보았어요. 의외로 아이에게 인기 만점인 반찬이랍니다. 그냥 먹던 치즈와는 식감이 달라서인지 재미있어하는 눈치예요. 아이가 있는 집이라면 냉장고에 꼭 있는 치즈와 두부를 함께 요리해보세요.

 **재료 준비** 　두부 100g, 치즈 1장, 올리브유 약간

두부는 키친타월에 올려 물기를 제거한다.

치즈를 두부 크기에 맞게 잘라 올려준다.

올리브유를 두른 프라이팬에 두부를 올려서 굽는다.

뚜껑을 덮어 치즈가 녹을 때까지 구우면 완성이다.

아침까지의 공복을 잊게 만드는 즐거움, 저녁

저녁 국&반찬

애호박새우전

애호박에 새우살을 넣어서 만든 애호박새우전은 어른 밥상에 놓아도 손색없는 메뉴입니다. 단백질과 무기질, 비타민을 한꺼번에 섭취할 수 있는 영양 반찬이지요. 손이 다소 가지만 애호박에 구멍을 뚫는 작업을 아이와 함께한다면 더욱 좋은 시간이 될 거예요. 자신이 만든 반찬이니 아이도 더 잘 먹는답니다.

재료 준비 애호박 100g, 새우살 15g, 부침가루 혹은 밀가루 약간, 달걀 1개, 레몬즙·후추 약간

1. 새우살은 레몬즙과 후추를 뿌려 10분간 재워둔다.

2. 애호박은 적당한 크기로 자른 뒤, 속을 파낸다.

3. 새우살은 곱게 다진다.

4. 애호박 안쪽으로 새우살을 넣는다. 새우살이 잘 붙지 않을 때는 달걀물을 조금씩 발라가면서 채워준다.

5. 만들어진 애호박을 부침가루, 달걀물 순서로 묻힌다.

6. 달궈진 팬에 노릇하게 굽는다.

저녁 국&반찬

메밀배추전

저희 아이는 전 요리를 좋아해요. 고소한 기름맛을 알게 된 건지, 간 없이 뭐든 만들어줘도 잘 먹어요. 그래서 조금 심심하면서도 배추의 달큰한 맛을 끌어올리는 메밀배추전을 만들어보았어요. 어른 입맛에도 맞아 아이와 같이 먹으면 더욱 좋아요.

재료 준비 배춧속 6~7장, 메밀가루 30g, 물 100mL, 올리브유·소금 약간

배춧속은 씻은 뒤 소금을 뿌려 10분 정도 절인 다음 흐르는 물에 씻어준다. 메밀가루에 물을 넣고 개어 묽은 반죽을 만든다.

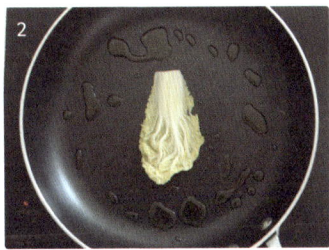

프라이팬에 올리브유를 두르고 배추를 놓는다.

2 위에 메밀 반죽을 부어 노릇하게 부친다.

저녁 국&반찬

레몬감자조림

감자조림은 대부분 간장으로 조리는데, 레몬을 곁들여 같이 조리면 새콤한 향과 맛이 있어 입맛을 더욱 돋우는 반찬이 됩니다. 아이들도 특별한 맛에 자꾸자꾸 집어먹어요.

재료 준비 감자 1개, 레몬 1/4개
조림장 재료 올리고당 1작은술, 간장 2작은술, 다진 마늘 1/4작은술, 맛술 1작은술, 참기름 1/2작은술, 물 50mL

1. 감자는 먹기 좋게 깍둑썰기를 한 뒤 5분 정도 물에 담가 전분기를 제거한다.

2. 올리고당, 간장, 다진 마늘, 맛술, 참기름, 물을 넣고 조림장을 만든다.

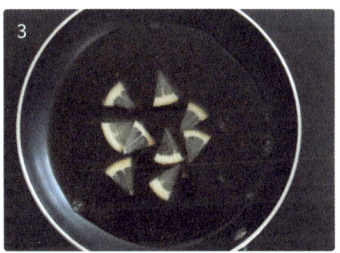

3. 팬에 2의 조림장을 붓고, 조각낸 레몬을 넣고 살짝 끓인다.

4. 감자를 넣고 푹 익을 때까지 조린다.

저녁 국&반찬

레몬타르타르소스

새우튀김이나 연어스테이크 등과 함께 곁들이는 소스를 집에서 직접 만들어보면 어떨까요? 시판 소스에 있는 각종 첨가물 대신 레몬을 직접 먹을 일이 적은 아이에게 새콤달콤한 레몬타르타르소스로 레몬을 접할 기회를 만들어주세요.

| **재료 준비** | 마요네즈 50g, 레몬 1/2개, 양파 20g, 오이피클 10g, 레몬즙 3g, 설탕 5g, 아가베시럽 10g |

레몬 껍질을 긁어 레몬제스트를 만든다.

양파와 오이피클은 찬물에 한번 씻은 뒤, 잘게 자른다.

1과 2에 레몬즙, 설탕, 아가베시럽, 마요네즈를 모두 섞으면 소스가 완성된다.

> **Tip**
> 레몬과 같은 수입 과일은 세척이 중요해요. 베이킹소다를 이용해 세척하고 뜨거운 물에 살짝 굴려서 잔류 농약을 제거하세요.

저녁 국&반찬

무조림

부드럽게 만든 무조림만큼 맛있는 반찬은 없지요. 감기 기운이 있을 때, 입맛이 없을 때 뭉근하게 조려서 부드럽게 만들어주면 잘 먹어요.

재료 준비 무 100g, 다시마 3조각, 물 50mL, 간장 20g, 설탕 10g, 맛술 4g, 대파 약간, 통마늘 2알

1. 무는 아이가 먹기 좋은 크기로 깍둑 썰어 준비해둔다.

2. 물, 간장, 설탕. 맛술, 다시마, 통마늘을 넣고 끓인다.

3. 무를 넣고 푹 익을 때까지 조린다.

저녁 국&반찬

사과감자볶음

아이가 유아식 초기부터 제일 좋아하는 반찬이에요. 감자 대신 당근을 볶아줘도 잘 먹어 한동안 일부러 띄엄띄엄 주기도 했어요. 다른 양념 대신 양파가루 하나만으로 맛을 냈는데, 다른 반찬이 필요없을 정도로 잘 먹었어요.

재료 준비 | 감자 30g, 사과 15g, 양파가루 1/2작은술, 올리브유 약간

1. 감자는 채를 썬 후 찬물에 담가 전분기를 뺀다.

2. 사과도 감자와 같은 크기로 채를 썬다.

3. 올리브유를 두른 팬에 감자를 넣고 절반 정도 익을 때까지 볶는다.

4. 양파가루를 넣고 같이 한번 휘리릭 볶는다.

5. 마지막으로 사과를 넣고 감자가 익을 때까지 볶는다.

저녁 국&반찬

소고기감자크로켓

감자크로켓에 소고기를 넣어 만들면 단백질과 철분을 같이 섭취할 수 있어요. 튀김요리를 별로 좋아하지 않는다면 기름을 적당히 두르고 굽듯이 굴려서 만들어도 됩니다. 한입 크기로 만들어 쏙쏙 먹기 좋은 요리랍니다.

 **재료 준비** 감자 170g, 다진 소고기 80g, 양파 20g, 버터 5g, 생크림 10mL, 달걀 1개, 올리브유 1작은술, 튀김가루·빵가루 약간, 소금·후추 약간

1. 감자는 푹 쪄서 뜨거울 때 으깬다. 양파는 잘게 다진다.

2. 다진 소고기에 소금, 후추를 뿌려 간을 한 뒤 올리브유를 두른 팬에 볶는다.

3. 으깬 감자에 2의 소고기를 섞고, 버터, 다진 양파, 올리브유, 생크림을 넣어 뜨거울 때 섞는다.

4. 먹기 좋은 크기로 뭉친다.

5. 튀김가루, 달걀물, 빵가루 순으로 둥글린다.

6. 크로켓반죽을 180도 기름에서 노릇하게 튀긴다.

저녁 국&반찬

시금치유자무침

시금치유자무침은 아이들이 싫어할 수 있는 시금치의 맛을 새콤한 유자청으로 숨겨주는 마법과 같은 반찬입니다. 설탕 대신 유자청을 이용해 맛과 향을 살리죠. 밥에 비벼줘도 잘 먹는, 시금치 먹이기 대작전의 일등공신입니다.

재료 준비   시금치 80g, 유자청 1/4작은술, 국간장·진간장 각 1/8작은술, 깨소금·참기름 약간

시금치는 끓는 물에 데친다.

데친 시금치는 물기를 꼭 짠 뒤 먹기 좋은 크기로 썬다.

시금치에 분량의 양념을 넣고 조물조물 무친다.

저녁 국&반찬

오이무침

아삭아삭한 오이무침은 칼륨이 풍부한 오이를 먹이기 위해 만든 반찬이에요. 유아식을 시작한 이후 나트륨 섭취가 많아지다 보면 신장에 무리가 갈 수 있어요. 오이는 체내 나트륨 배출 기능이 있어 아이의 건강을 챙기기 위해 꼭 필요한 반찬입니다.

재료 준비   오이 50g, 초피액젓 1/4작은술, 양파가루·새우가루·검은깨 약간

오이는 껍질을 벗긴 후 먹기 좋은 크기로 썬다.

초피액젓, 양파가루, 새우가루, 검은깨를 넣고 조물조물 무친다.

저녁 국&반찬

우엉잡채

우엉은 뿌리채소로, 영양소가 풍부할 뿐 아니라 식이섬유가 많아 변비 해소에도 좋아요. 보통 조림으로 많이 먹지만 다양한 채소와 함께 잡채로 만들어 먹으면 맛도 좋고, 신선하게 즐길 수 있답니다. 달콤한 맛과 아삭한 식감 때문에 아이들도 좋아하는 메뉴예요.

 **재료 준비**   부추·새송이버섯·당근·양파 각 20g, 우엉 55g, 아가베시럽 2작은술, 물 3작은술, 식초·간장·통깨·참기름 각 1작은술, 다진 마늘 1/4작은술, 후추 약간

부추, 새송이버섯, 당근, 양파는 같은 크기로 채를 썬다.

우엉은 채 썰어 식초를 푼 물에 10분간 담가둔다.

프라이팬에 간장, 아가베시럽, 물을 넣고 살짝 끓인 뒤, 우엉을 넣고 조리듯이 익힌다.

어느 정도 물기가 사라지면 부추, 버섯, 당근, 양파를 넣고 볶는다.

다진 마늘과 후추, 참기름, 통깨를 넣고 볶으면 완성된다.

저녁 국&반찬

토마토달걀볶음

중국에서는 아침 메뉴로 주로 먹는다는 토마토달걀볶음을 아이들 입맛 없을 때 해주면 아주 잘 먹어요. 밥에다 달콤하면서도 식감이 좋은 토마토달걀볶음을 반찬으로 내면 영양소를 두루 갖춘 식단이 됩니다.

재료 준비 토마토 1개, 달걀 2개, 소금·올리브유 약간

1. 토마토는 열십자로 칼집을 넣어 끓는 물에 데친 다음 껍질을 벗긴다.

2. 껍질을 벗긴 토마토를 먹기 좋은 크기로 자른다.

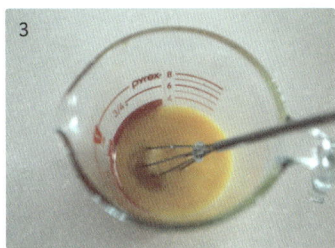

3. 달걀은 소금을 약간 넣은 후 잘 푼다.

4. 올리브유를 두른 팬에 달걀을 넣고 스크램블처럼 만들어준다.

5. 2의 토마토를 팬에 살짝 볶는다.

6. 4와 5를 한데 볶으면 완성이다.

아침까지의 공복을 잊게 만드는 즐거움, 저녁

저녁 국&반찬

파프리카버섯볶음

느타리버섯은 버섯 중에 철분이 가장 많이 함유된 식재료입니다. 철분이 부족하면 아이의 성장에 영향을 미치므로 고기를 먹지 않아 걱정인 아이에게 주면 좋습니다. 아삭한 파프리카와 함께 먹으면 찰떡궁합이랍니다.

재료 준비 파프리카 30g, 느타리버섯 40g, 대파 5g, 굴소스 1/2작은술, 깨·후추·올리브유 약간

1. 느타리버섯은 살짝 데쳐서 물기를 제거하고, 파프리카, 대파와 같은 크기로 썬다.

2. 올리브유를 두른 팬에 파프리카, 느타리버섯, 대파 순으로 살짝 볶는다.

3. 2에 굴소스를 넣고 가볍게 볶는다.

4. 깨, 후추를 넣고 섞어 완성한다.

저녁 국&반찬

표고버섯두부탕수

두부는 아이들이 비교적 잘 먹는 식재료 중 하나예요. 그런데 매번 같은 방식으로 조리해서 주면 어느 순간부터는 두부를 먹기 싫어합니다. 그럴 때 끓이거나 부치지 않고 바삭한 식감의 탕수로 만들어주면 달콤한 소스를 먹는 재미에 두부를 좋아할 거예요.

재료 준비 표고버섯 15g, 두부 100g, 양파 12g, 당근 8g, 전분가루 약간, 식용유 넉넉하게
소스 재료 식초 1/4작은술, 아가베시럽·간장·녹말가루 각 1작은술, 물 3작은술(소스용), 물 2작은술(녹말용 물)

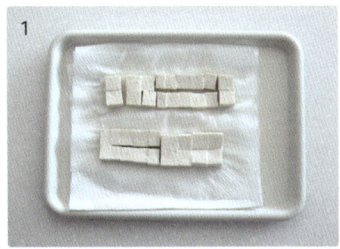

1. 두부는 깍둑썰기를 한 뒤 키친타월에 올려 물기를 제거한다.

2. 표고버섯, 양파, 당근은 같은 크기로 썰어 준다.

3. 두부와 표고버섯에 전분가루를 골고루 묻혀준다.

4. 팬에 식용유를 넉넉히 두르고 3의 두부와 버섯을 튀기듯이 굽는다.

5. 분량의 소스 재료를 섞고, 녹말물(녹말가루 1작은술 + 물 2작은술)도 따로 만든다.

6. 팬에 소스 재료와 양파, 당근을 넣고 끓이다 마지막에 농도를 봐가면서 녹말물을 풀어 소스를 완성한다. 4에서 튀긴 두부, 버섯에 소스를 끼얹어 낸다.

Tip
볶음요리나 부침요리를 할 때는 끓는점이 낮은 올리브유를 사용하고, 튀김요리에는 끓는점이 높은 옥수수유나 포도씨유를 사용합니다.

Doctor's Advice

편식과 과식

편식은 아이가 자라면서 한 번씩 보이는 통과의례입니다. 편식에 대한 대응은 아이에게 끌려가지 않는 것으로 충분합니다. 엄마가 차린 음식을 아이가 안 먹는다면 그에 따르는 배고픔을 아이가 경험하도록 두면 됩니다. 엄마는 어떤 음식을, 언제, 어떻게 조리해서, 얼마나 오랫동안, 어디에서 먹일 것인지 등 끼니에 관련된 대부분을 결정할 수 있지만 그 음식을 먹을지 말지, 얼마나 먹을 것인지는 결국 아이가 결정할 부분입니다.

아이의 편식을 존중한다는 것은 아이가 잘 먹는 것만 먹이는 게 아니라 먹지 않겠다는 선택을 인정해주는 일입니다. 그리고 그로 인한 결과를 직접 겪고 배우도록 방해하지 않는 일입니다. 편식을 아이가 자라면서 겪는 하나의 과정으로 받아들여주세요. 거기서 잘 빠져나올 수 있게 기다려주기만 하면 됩니다. 아이가 원하는 음식만 줘서 아이를 편식의 늪에 가두지 마세요.

과식은 과식대로 걱정입니다. 이제 갓 돌 지난 아이가 엄마보다 더 많이 먹는다는 걱정을 듣는 일도 종종 있습니다. 사진이나 동영상을 보면 엄마가 적게 먹는 경우도 아닌데 말이지요. 이미 비만인 아이도 많고 앞으로 비만이 될 가능성이 매우 높습니다. 안 먹는 아이에 비해 걱정은 덜할지 몰라도 이 역시 편하게 지켜볼 수는 없습니다. 과식을 하는 아이들은 먹는 속도도 빠른 경우가 많습니다. 음식을 급히 먹으면 음식의 양에 비해 포만감이 늦게 느껴지기 때문입니다.

잘 안 먹고 살 안 찌는 아이가 한 끼니를 해결하는 데 한 시간씩 걸리는 것과 반대지

요. 아이의 손을 붙들지 않고서야 천천히 먹게 할 수는 없습니다. 끼니를 나누어서 내놓는 방법을 권할 수 있습니다. 평소 먹는 양의 절반 정도만 먼저 주고 더 달라고 하면 5~10분 정도 기다리게 한 뒤 나머지를 줍니다. 아이의 식기를 작은 것으로 마련해도 좋습니다. 같은 양이어도 더 작은 그릇에 담아 먹으면 큰 그릇에 담아 먹을 때보다 더 배부르게 느껴진다고 합니다. 그리고 식판처럼 개인상을 차려주는 것도 방법입니다. 안 먹는 아이는 같이 먹는 음식을 남의 것으로 여기는 반면 많이 먹는 아이는 식탁의 음식은 모두 제것으로 여깁니다. 음식의 양을 제한하기보다는 먹고 원하면 더 주는 쪽으로, 더 주되 조금 뜸을 들이는 게 좋습니다.

설탕과 단맛 나는 음식들

단맛은 태아기부터, 짠맛은 4개월경부터 본능적으로 선호하게 되는 맛입니다. 가르치지 않아도 좋아하는 맛입니다. 반면에 신맛은 상한 음식을, 쓴맛은 독을 암시하기 때문에 단맛이나 짠맛과는 달리 본능적으로 피하는 맛이지요. 그러니 아이가 선호하는 맛만 쫓아가다 보면 결국은 달고 짠 음식 외에는 먹이기 어려운 것이 당연한 일입니다.

큰 틀에서 미각에 대한 취향이 형성되는 시기는 대개 7세 이전이라고 합니다. 이 시기 전에 맛을 본 음식들은 한참 뒤에 다시 먹었을 때도 익숙한 느낌을 줄 수 있지만 성인이 되어 처음 접하는 음식들은 냄새만 맡아도 역겨워하는 일이 흔합니다. 어떤 문헌에서는 이보다 더 전인 이유식 시기에 다양한 식재료를 맛볼수록 편식을 할 가능성이 줄어든다고도 하고 더 나아가서는 모유수유 시기에 엄마가 먹는 음식의 종류에 달려 있다는 의견도 있습니다. 모두가 알고 있듯이 음식에 대한 취향은 개인차가 매우 큰 분야이지만 대체로 어린 시절에 다양한 음식을 맛볼수록 다양한 음식을 받아들일 가능성이 높아진다는 이야기지요.

부모로서 아이의 단맛과 짠맛 그리고 매운맛에 대한 선호는 주의해야 합니다. 단맛, 짠맛, 매운맛이란 결국 양념맛인데 양이 지나치게 많지 않다면 그 자체가 몸에 해롭지는 않습니다. 하지만 양념맛으로 먹는 습관은 아이가 다양한 음식에 접근하려는 시도를 방해할 수 있습니다. 달고 짠 음식은 그 자체로 즐길 수 있지만 달지 않아야 제맛인 식재료들이 분명히 있습니다. 시거나 쓴맛이어야 비로소 맛있다고 할 수 있는 음식들이지요. 외국인에게는 커피나 홍차가 그렇고 우리에게는 김치나 각종 발효식품들이 그럴 것입니다. 특정한 계기로 빠져드는 음식도 있지만 대개는 아이의 식탁에 자주 등장할수록

좋아하게 될 가능성이 높아집니다.

단맛이나 짠맛을 잘 이용하는 법도 분명 있습니다. 두 돌 무렵이 되면 새로운 음식에 대한 거부감과 익숙한 음식에 대한 선호가 더욱 뚜렷해집니다. 익숙한 음식을 맛있다고 느끼는 거지요. 아이가 새로운 음식을 거부감 없이 먹기까지 평균 15회 정도의 노출이 필요하다고 합니다. 식탁에 10번을 올리든 15번을 올리든 일단 아이가 맛을 봐야 할 텐데 이때 새로운 식재료와 익숙한 식재료를 더해서 내놓으면 아이가 먹어보려 할 가능성이 더 높아질 것입니다. 익숙한 맛의 식재료라면 역시 소금과 설탕입니다. 처음 접하는 음식을 달콤하게 내놓고 아이가 맛을 보기 시작하면 점차 당도를 줄이더라도 선호도가 줄어들지는 않는다는 연구도 있습니다. 외국에서 맛보는 한국 음식이 한국 사람에게는 지나치게 달고 한국에서 맛보는 외국 음식이 원래 그 나라 사람에게는 너무 달게 느껴지는 것은 착각이 아닐 것입니다.

맛있다는 것은 매우 주관적인 느낌입니다. 단맛도 분명히 맛있지만 그게 맛의 전부라고 가르칠 일은 아닙니다. 아이가 다양한 맛의 세계를 탐험할 수 있는 기회를 부모가 앞장서서 방해하지는 마세요. 단맛은 또 그대로 즐기면 됩니다. 우리가 가르칠 부분은 그 즐거움을 절제하는 법이겠지요. 그리고 건강에 좋은 음식을 주로 먹으려는 습관을 길러주는 것은 아이의 평생 건강을 위해 빼놓을 수 없는 일입니다. 중독자처럼 이끌려가거나 무조건 금기시하기보다는 건강한 음식을 맛보게 하는 연결고리나 소개자로서 단맛을 현명하게 이용할 것을 제안합니다.

CHAPTER 5
끼니와 끼니 사이,
간식

×××××××××××× 의사 아빠의 간식에 대한 조언 ××××××××××××

끼니와 끼니 사이에 먹는 음식을 간식이라고 합니다. 자라나는 아이에게 간식은 꼭 필요합니다. 아이의 식사량은 몸집에 비해 적은 편이어서 세 끼니만으로 하루의 활동과 성장에 필요한 영양을 모두 충족시키기 어렵기 때문입니다. 그러나 끼니를 제대로 먹지 않는 아이에게도 간식이 꼭 필요한지는 다시 생각해봐야 합니다.

간식은 끼니를 보충하는 용도

적절한 체중이며 보통 양의 끼니를 먹는 아이에게는 대개 하루 두 번의 간식을 권합니다. 다음 끼니와 두 시간 이상의 차이를 두어야 식욕을 방해하지 않습니다. 주로 유제품과 과일 또는 과자나 빵 정도로 생각하지만 종류를 제한할 필요는 없습니다. 그날그날 끼니의 내용에 따라 부족한 것들을 채우는 방식이 적당합니다.

체중이 많이 나가는 아이라면 더 많은 간식을 생각해볼 수 있습니다. 지나친 배고픔은 빨리 먹게 만들어 과식하는 이유가 되기 때문입니다. 설탕과 소금 그리고 지방이 적은 음식이라면 더욱 좋겠지만 내용보다는 한 번에 먹는 양을 제한하는 것이 체중 관리에 더 유리합니다.

체중 증가가 정상에 비해 많이 느린 아이는 영양을 흡수하는 능력도 떨어지는 것으로 알려져 있어 조금씩 자주 먹이도록 권하기도 합니다. 그러나 어떤 음식을 얼마나 자주 먹일 것인지는 전문가와 상의해서 정하는 게 안전하고

효과적입니다. 과자나 과일 같이 달기만 하고 영양이 다양하지 않은 음식을 자주 주면 오히려 식욕이 계속 떨어집니다. 이는 체중을 늘리는 데 방해만 될 뿐입니다. 적절한 배고픔을 느낄 수 있도록 최소한 4시간 이상의 간격으로 음식을 내놓으려면 아이의 수면 시간을 고려할 때 네 번의 음식을 겨우 먹일 수 있습니다. 그렇다면 '간식'보다는 '끼니'가 될 만한 음식을 네 번 제공하는 게 체중을 늘리는 데 더 도움이 될 수 있습니다.

먹이는 횟수보다 양이 문제

서로 다른 극단의 체중 상황을 보이는 아이에게 모두 '자주' 먹이라고 권하니 혼란스러울 수 있습니다. 비만인 아이는 열량이 높은 음식을, 많이, 자주, 빠르게 먹는 경향이 있습니다. 반면에 체중이 늘지 않는 아이는 조금씩, 자주, 천천히 먹는 모습을 보입니다. 먹이는 횟수보다는 한 번 먹일 때 어떤 음식을 얼마나 많이 먹일 것인지에 따라 체중을 조절하는 방향이 달라집니다.

간식은 이유식을 시작한 뒤 세 번의 끼니를 적절한 식욕으로 잘 먹고, 더 이상 한 끼니의 양이 늘지 않을 때 시작하는 것이 적절합니다. 간식이 왜 중요한지, 체중이 증가하는 양상에 따라 어떤 의미로 간식을 제공하는지를 따지지 않고 그저 '아이에게 간식이 꼭 필요하다'는 이야기만 기억하는 부모님이 많습니다.

간식이 아이의 성장에 아무리 필요한들 끼니만큼 중요할 수는 없습니다.

간식

유자시폰케이크

밀가루 대신 쌀가루를 넣어 NO 버터, NO 밀가루 간식을 만들 수 있어요. 사르르 녹는 식감 때문에 아이들 간식으로 이만한 게 없죠. 또한 달걀흰자로 만드는 머랭을 아이와 함께 만들면 놀이도 되고 식재료 탐색도 되어 좋은 놀이학습시간을 만들 수 있답니다.

 **재료 준비** 달걀노른자 2개, 설탕 20g, 포도씨유 30mL, 물 25mL, 베이킹용 박력쌀가루 55g, 유자청 20g
머랭 재료 달걀흰자 100g, 설탕 20g ***15cm 쉬폰틀 1개 분량**

1. 볼에 달걀노른자를 풀고, 설탕을 넣은 후 거품기를 이용해 섞는다.

2. 포도씨유와 물을 조금씩 흘려 넣으면서 거품기로 섞는다.

3. 체에 내린 쌀가루와 유자청을 넣고 골고루 섞는다.

4. 물기가 없는 볼에 달걀흰자를 넣고 설탕을 3번 나누어 넣어가며 핸드믹서를 이용해 단단하게 머랭을 만든다. ※핸드믹서를 들어 올렸을 때 뿔이 앞쪽으로 서면 머랭이 완성된 것입니다.

5. 3에 머랭을 나누어 넣으며 거품이 꺼지지 않도록 빠르게 섞는다.

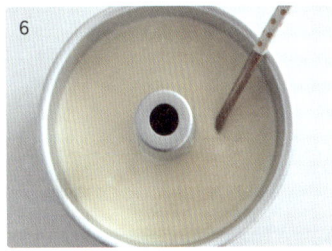

6. 반죽을 시폰케이크 틀에 넣고 나무젓가락을 이용해 두 바퀴 정도 돌려 기포를 터트려준다.

7. 170도로 예열된 오븐에서 25~30분간 구운 뒤 바로 꺼내 뒤집어서 식힌다.

간식

단호박볼

동글동글 단호박볼은 한입에 쏙 들어가는 간식입니다. 달걀 없이 만들어 알레르기 걱정 없이 먹을 수 있는 엄마표 간식입니다.

 **재료 준비** 삶은 단호박 40g, 무염버터 25g, 슈가파우더 10g, 박력분 50g, 소금 1g
*단호박볼 20개 분량

1. 단호박은 듬성듬성하게 잘라 호박 안쪽이 찜기 아래로 가게 해서 푹 찐다.

2. 실온에 두어 말랑해진 무염버터는 주걱으로 충분히 풀어 마요네즈와 같은 질감으로 만들어준다.

3. 2에 슈가파우더를 넣고 주걱으로 곱게 풀어준다.

4. 삶은 단호박을 충분히 식힌 후 3에 넣고 섞는다.

5. 4에 박력분과 소금을 넣고 주걱으로 일자로 가르듯이 섞어 반죽을 완성한다.

6. 완성된 반죽을 비닐에 담아 냉장고에 30분 정도 넣어 둔다.

7. 반죽을 5g씩 떼어 동그랗게 빚은 후 180도로 예열한 오븐에서 8~10분간 굽는다.

간식

홍시머핀

대부분 아이들이 홍시를 좋아하지만 저희 아이처럼 물컹한 식감 때문에 싫어하는 아이도 있어요. 그래서 달큰한 홍시를 넣어 머핀을 만들어봤어요. 버터가 들어가지 않은 오일베이킹이라 더 가볍게 즐길 수 있답니다.

 **재료 준비** 홍시 1개, 달걀 1개, 박력분 100g, 우유 20mL, 포도씨유 30g, 설탕 15g, 베이킹파우더 5g
*머핀틀 5~6개 분량

1. 홍시는 껍질과 씨를 제거하고 과육만 준비한다.

2. 볼에 달걀을 풀고, 설탕을 넣어 거품기로 섞는다.

3. 포도씨유를 조금씩 흘려가며 넣고 거품기로 충분히 섞어준다.

4. 3에 1의 홍시를 넣고 섞는다.

5. 4에 박력분과 베이킹파우더를 체에 내려 주걱으로 섞어준 뒤, 우유를 넣어 섞으면서 반죽의 된 정도를 맞춘다.

6. 머핀 팬에 유산지를 깔고 반죽을 70% 정도 채운 뒤, 175~180도로 예열한 오븐에서 20~25분간 굽는다.

간식

고구마호두버무리

간식을 만들 때 엄마들은 뭔가 특별한 것을 만들어주고 싶다는 강박에 시달립니다. 그렇지만 가끔은 기본으로 돌아가야 할 때가 있어요. 찐 감자, 찐 고구마만으로도 우리 아이들에게는 맛있는 간식이 되니까요. 그것만으로 만족하지 못한다면 아주 작은 변화를 주세요. 고구마에 호두를 더해 고소함을 주면 엄마는 제대로 된 간식을 주었다는 만족감을, 아이는 맛있는 간식을 즐길 수 있어요.

재료 준비 고구마 130g, 호두 30g, 우유 약간, 아가베시럽 30g
*한입 크기 기준 12~15개 분량

1. 호두는 다진 후 마른 팬에 살짝 볶는다.

2. 고구마는 찐 다음 뜨거울 때 으깬다.

3. 2에 구운 호두를 넣고 버무린다.

4. 아가베시럽을 섞은 다음, 우유를 약간 넣어 된 정도를 맞춘다.

간식

리코타치즈딸기카나페

리코타치즈는 집에서 손쉽게 만들 수 있는 치즈예요. 바로 만들어 먹기 때문에 아이에게도 안심하고 먹일 수 있지요. 짠맛 없이 순수하고 고소한 치즈라 어디든 잘 어울린답니다. 잼이나 버터 대신 빵에 발라 먹어도 맛있고 피자나 파스타에 토핑으로 올려도 좋습니다.

재료 준비	식빵 2장, 딸기 적당량
리코타치즈 재료	우유 500mL, 생크림 250mL, 소금 1/4작은술, 레몬즙 12mL ***6개 분량**

1. 냄비에 우유와 생크림을 넣고 중불에서 끓인다.

2-1, 2-2. 우유와 생크림이 보글보글 끓으면, 레몬즙과 소금을 넣고 나무젓가락으로 두어 번 저은 다음 중약불에서 60분간 끓인다.

3. 몽글몽글해진 치즈를 면 보자기에 넣고 무거운 것으로 눌러 두어 시간 걸러내면 리코타치즈가 완성된다. 이 치즈는 냉장고에 하루 정도 숙성시킨 뒤 먹는다.

4. 식빵을 동그랗게 모양 틀로 찍어낸다.

5. 식빵 위에 리코타치즈를 바르고, 그 위에 딸기를 올려 카나페를 완성한다.

Tip
레몬즙은 직접 짜서 넣어도 되고, 시판 레몬즙을 이용해도 됩니다.

간식

골드키위크림치즈머핀

보들보들 부드러운 크림치즈를 넣어 촉촉함이 두 배인 골드키위크림치즈머핀은 카스테라처럼 식감이 좋아 우유랑 간식으로 내어주기 그만입니다. 골드키위를 대신해 제철 과일을 듬뿍 넣어 더욱 새콤달콤한 간식을 만들어도 됩니다.

재료 준비 골드키위 40g, 크림치즈 50g, 무염버터 50g, 설탕 30g, 우유 55mL, 달걀 1개, 박력분 100g, 베이킹파우더 4g, 소금 1g
*머핀틀 5~6개 분량

1. 무염버터와 크림치즈를 실온에 두어 말랑해지면 거품기로 잘 풀어준다.

2. 설탕, 소금을 넣고 반죽이 살짝 부풀어오를 때까지 거품기로 섞는다.

3. 2에 달걀을 풀어 넣고 빠르게 섞어 분리되지 않도록 한다.

4. 3에 박력분과 베이킹파우더를 체에 내려 넣은 뒤 주걱으로 섞어준다.

5. 4에 우유를 넣고 매끈하게 섞는다.

6. 5에 골드키위를 잘라 넣고 가볍게 섞는다.

7. 머핀 틀에 70% 정도 반죽을 채운 뒤 175~180도로 예열한 오븐에서 15~20분간 구워낸다.

간식

분유쿠키

아이가 돌까지 먹던 분유가 애매하게 남았다면 쿠키로 재탄생시켜보세요. 분유도 처리하고 안심하고 먹을 수 있는 간식도 만들 수 있답니다. 특히 아이들이 좋아하는 동물이나 캐릭터 모양으로 만들어주면 더욱 인기가 좋죠.

재료 준비 무염버터 50g, 아가베시럽 20g, 분유 15g, 박력분 70g, 달걀노른자 1개
*쿠키 12~15개 분량

1
실온에 두어 말랑해진 무염버터를 부드럽게 풀어준다.

2
아가베시럽을 넣고 골고루 섞어준다.

3
달걀노른자를 넣고 거품기로 섞어 반죽이 분리되지 않도록 한다.

4
분유와 박력분을 넣고 주걱을 이용해 자르듯이 섞어 반죽한다.

5
반죽을 비닐에 넣어 냉장고에서 30분 정도 휴지시킨다.

6
냉장고에서 반죽을 꺼내 밀대로 민다.

7
모양 틀을 이용해 쿠키 반죽을 찍어낸다.

8
170도로 예열한 오븐에서 10~15분간 구워낸다.

Tip 반죽을 휴지시키는 이유는 반죽을 숙성해 뒤틀리거나 줄어드는 현상을 막기 위해서입니다.

간식

고구마쌀쿠키

달콤한 맛이 좋은 호박고구마로 만드는 우리 아이 첫 쿠키. 이유식 초기에 쓰다 남은 쌀가루가 처치 곤란이었다면 고구마와 쌀가루를 섞어 맛있는 엄마표 쿠키를 만들어보세요. 고구마말랭이처럼 부드럽고 고소한 마약 쿠키가 될 거예요.

재료 준비 호박고구마 140g, 쌀가루 30g, 우유 20mL, 꿀 10g, 검은깨 2g
***쿠키 12~15개 분량**

1

호박고구마를 잘 삶은 뒤 으깬다.

2

우유를 넣고 섞어 된 정도를 맞춘다.

3

쌀가루를 체에 내린 후 섞는다. 반죽이 손에 묻지 않을 정도로 되기를 맞추고 검은깨와 꿀도 넣는다.

4

반죽을 네모난 모양으로 잡아준 뒤, 랩으로 싸 냉장고에 1시간 이상 휴지시킨다.

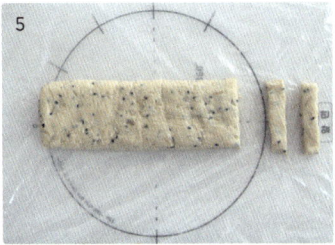

5

꺼낸 반죽을 손가락 정도 크기로(1cm) 자른다.

6

오븐 팬에 쿠키 반죽을 놓고 180도로 예열한 오븐에서 10분간 굽는다.

간식

단호박푸딩

부드러운 식감의 푸딩을 직접 만들어보세요. 시판되는 것보다 당도는 줄이고 건강한 재료를 넣어 안심하고 먹일 수 있습니다. 유난히 기운 없는 날 주면 기분도 좋아질 거예요.

재료 준비	판 젤라틴 3g, 달걀노른자 1개, 설탕 15g, 우유 200mL, 생크림 50mL, 단호박 페이스트 80g
단호박 페이스트 재료	단호박 130g, 설탕 30g, 물 30mL *푸딩컵 6개 분량

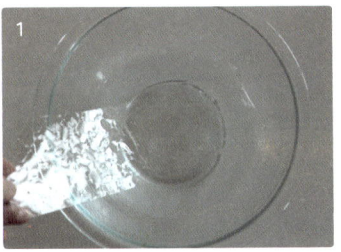

1. 판 젤라틴을 찬물에 10~15분간 불린다.

2. 달걀노른자와 설탕을 충분히 섞어준다.

3. 우유와 생크림을 가장자리가 끓어오를 정도로 끓인 다음 단호박 페이스트를 넣고 섞어준다.

4. 2에 3을 천천히 부어가며 섞은 뒤, 다시 냄비로 옮겨 담는다.

5. 주걱을 이용해 천천히 저어가며 가장자리가 끓어오를 때까지 끓인다.

6. 주걱으로 가운데를 긁었을 때 형태가 남아 있을 정도가 되면 불을 끈다.

7. 체에 한 번 거른 뒤 유리병에 넣으면 푸딩이 완성된다.

단호박 페이스트 만드는 법

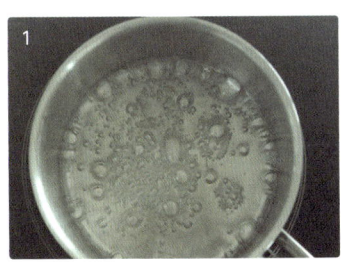

1. 설탕과 물을 넣고 보글보글 끓여 시럽을 만든다.

2. 단호박은 찐 후 껍질을 벗긴다.

3. 1과 2를 핸드블렌더로 곱게 갈아 단호박 페이스트를 만든다.

간식

요거트마들렌

조개 모양의 마들렌은 촉촉한 맛 때문인지 아이들이 좋아하는 간식입니다. 아이가 좋아하는 간단한 간식을 같이 만들어보면 어떨까요? 플레인요거트와 박력쌀가루를 이용해 만든 요거트마들렌은 시판 마들렌과 비교할 수 없을 정도로 맛있답니다.

 **재료 준비**   달걀 1개, 설탕 30g, 소금 1g, 꿀 20g, 박력쌀가루 60g, 베이킹파우더 1g, 녹인 버터 50g, 요거트 80g
*마들렌 틀 9~10개 분량

1. 볼에 달걀을 풀고, 설탕, 소금을 넣고 거품기로 섞는다.

2. 요거트와 꿀을 넣고 거품기로 섞는다.

3. 녹인 버터를 조금씩 흘려 넣으며 거품기로 섞는다.

4. 체에 내린 박력쌀가루와 베이킹파우더를 넣고 거품기로 섞는다.

5. 완성한 반죽은 짤주머니에 넣어 냉장고에서 1시간 이상 휴지시킨다.

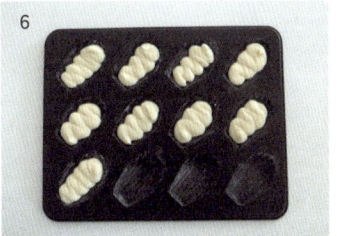

6. 마들렌 틀에 버터 칠을 한 뒤 반죽을 70% 정도 짠다. 160~165도로 예열한 오븐에서 15~20분 정도 굽는다.

Tip 뜨겁게 녹인 버터를 바로 반죽에 넣으면 익어버리니 살짝 식힌 뒤 넣어주세요.

간식

통밀피칸스콘

통밀가루는 정제된 밀가루보다 식이섬유가 풍부합니다. 조금 거칠지만 부서지는 식감이 특색인 스콘과 잘 어울리죠. 스콘은 엄마에게는 차와 함께 곁들이는 간식으로, 아이에게는 건강 간식으로 사랑받기에 부족함이 없어요. 쿠키보다는 부드럽고 빵보다는 거친 스콘의 멋진 맛을 아이와 함께 즐겨보세요.

 **재료 준비** 피칸 40g, 통밀가루 250g, 설탕 30g, 소금 1g, 베이킹파우더 12g, 무염버터 60g, 달걀 1개, 우유 80mL,
스콘 15개 분량

1
푸드프로세서에 통밀가루, 설탕, 소금, 베이킹파우더를 넣고 가볍게 돌려 섞은 뒤 차가운 버터를 잘라 넣고 30초 정도 돌린다.

2
달걀과 우유를 넣고 한 덩이로 반죽이 될 때까지 푸드프로세서를 돌린다.

3
피칸을 넣고 가볍게 섞어준다.

4
반죽을 비닐에 담은 뒤 냉장고에서 1시간 이상 휴지시킨다.

5
휴지시킨 반죽을 밀대로 평평하게 3번 접어 민다.

6
모양 틀을 이용해 반죽을 찍어낸다(그냥 칼로 잘라도 된다).

7
오븐 팬에 반죽을 올려놓고, 반죽 위에 우유를 바른다. 180~185도로 예열된 오븐에서 20분간 굽는다.

간식

코코넛스틱

바삭바삭한 식감을 즐길 수 있는 간식을 찾는다면 코코넛과 식빵을 이용한 코코넛스틱을 만들어 보세요. 비교적 빠르게 조리할 수 있으면서 맛도 좋아 출출할 때 우유 한 잔과 같이 즐기기에 딱입니다.

재료 준비 무염버터 15g, 꿀 7g, 식빵 2장, 코코넛가루 적당량

1. 식빵은 먹기 좋은 크기로 4등분한다.

2. 실온에 두어 말랑한 상태의 버터와 꿀을 섞어 허니버터를 만든다.

3. 식빵에 허니버터를 골고루 바른다.

4. 3에 코코넛가루를 골고루 뿌린 뒤 180도로 예열한 오븐에서 5분간 굽는다.

요리 찾아보기

ㄱ

가지소고기죽 — 아침	60
간장비빔국수 — 점심	154
감자뇨끼 — 점심	114
감자다시마샌드위치 — 아침	78
감자닭고기죽 — 아침	62
감자크림리소토 — 점심	116
건새우콩나물국 — 저녁 국&반찬	246
검은깨우유냉면 — 점심	156
게살죽 — 아침	64
견과류시금치주먹밥 — 아침	94
고구마쌀쿠키 — 간식	300
고구마호두버무리 — 간식	292
골드키위크림치즈머핀 — 간식	296
굴림만둣국 — 저녁	234
굴비주먹밥 — 저녁	232
굴전 — 점심 국&반찬	176
궁중떡볶이 — 점심	158
근대된장소고기죽 — 아침	66

ㄴ

날치알볶음밥 — 점심	118
낫토김밥 — 저녁	230

ㄷ

요리	페이지
단호박대구살죽 — 아침	68
단호박버섯리소토 — 아침	102
단호박볼 — 간식	288
단호박수프 — 아침	56
단호박찜케이크 — 아침	86
단호박푸딩 — 간식	302
달걀말이밥 — 아침	96
달걀볶음밥 — 점심	120
닭고기크림스튜 — 점심	122
당근감자수제비 — 저녁	236
도토리묵무침 — 점심 국&반찬	182
두부굴국 — 점심 국&반찬	164
두부미소장국 — 점심 국&반찬	166
두부밥샌드위치 — 저녁	228
두부치즈전 — 저녁 국&반찬	250
두유버섯리소토 — 점심	124
떠먹는감자피자 — 저녁	238

ㄹ

레몬감자조림 — 저녁 국&반찬	256
레몬타르타르소스 — 저녁 국&반찬	258
렌틸콩그라탱 — 점심	126
리코타치즈딸기카나페 — 간식	294

ㅁ

매생이죽 — 아침	70
메밀배추전 — 저녁 국&반찬	254
모시조갯국 — 점심 국&반찬	168
무조림 — 저녁 국&반찬	260
미역소고기죽 — 아침	72

미트볼파스타 — 저녁　　　　　　　240

ㅂ

바나나찐빵 — 아침　　　　　　　88
바나나치즈롤샌드위치 — 아침　　80
바지락미역국 — 점심 국&반찬　　170
바지락양배추죽 — 아침　　　　　74
버섯들깨죽 — 아침　　　　　　　76
버섯불고기 — 점심 국&반찬　　　186
버섯오믈렛전 — 아침　　　　　　100
베이컨마늘볶음밥 — 저녁　　　　204
봉골레스파게티 — 저녁　　　　　242
분유쿠키 — 간식　　　　　　　　298

ㅅ

사과감자볶음 — 저녁 국&반찬　　262
새우마늘종볶음밥 — 점심　　　　128
새우카레주먹밥 — 점심　　　　　150
생선커틀릿 — 저녁　　　　　　　206
소고기감자크로켓 — 저녁 국&반찬　264
소고기뭇국 — 점심 국&반찬　　　172
소고기찹쌀구이 — 저녁　　　　　208
소이카르보나라 — 점심　　　　　160
시금치베이컨키시 — 아침　　　　106
시금치유자무침 — 저녁 국&반찬　266

ㅇ

아삭감자전 — 점심 국&반찬　　　178
아스파라거스소고기볶음밥 — 점심　130
아욱된장국 — 저녁 국&반찬　　　248
아욱브로콜리대구살덮밥 — 점심　132
애호박새우전 — 저녁 국&반찬　　252
양송이크림리소토 — 아침　　　　104
어린이닭백숙 — 저녁　　　　　　210
어린이장조림 — 점심 국&반찬　　188
엄마표팬케이크 — 아침　　　　　90
에그샌드위치 — 아침　　　　　　82
연두부비빔밥 — 점심　　　　　　134
연어스테이크 — 저녁　　　　　　212
오므라이스 — 점심　　　　　　　136
오야코동 — 점심　　　　　　　　138
오이무침 — 저녁 국&반찬　　　　268
오징어뭇국 — 점심 국&반찬　　　174
오징어미나리볶음밥 — 점심　　　140
옥수수프 — 아침　　　　　　　　58
요거트마들렌 — 간식　　　　　　304
우엉잡채 — 저녁 국&반찬　　　　270
유자시폰케이크 — 간식　　　　　286

ㅈ

잔멸치파래김주먹밥 — 아침　　　98
잔치국수 — 저녁　　　　　　　　244
짜장밥 — 저녁　　　　　　　　　214

ㅊ

찹스테이크 — 저녁　　　　　　　216
채소대구살전 — 점심 국&반찬　　180
채소쌈밥과 아기쌈장 — 저녁　　　218
치킨도리아 — 점심　　　　　　　142
치킨카레덮밥 — 저녁　　　　　　220

ㅋ

코코넛스틱 — 간식 308
콜리플라워닭고기볶음밥 — 점심 144
콩가루치즈샌드위치 — 아침 84
콩나물밥과 소고기볶음장 — 저녁 222

ㅌ

토마토달걀볶음 — 저녁 국&반찬 272
토마토브로콜리스파게티 — 점심 162
토마토소스 — 점심 국&반찬 190
토마토홍합스튜 — 점심 146
통밀피칸스콘 — 간식 306

ㅍ

파래무침 — 점심 국&반찬 184
파에야 — 저녁 224
파인애플새우볶음밥 — 점심 148
파프리카버섯볶음 — 저녁 국&반찬 274
표고버섯두부탕수 — 저녁 국&반찬 276
표고버섯들깨볶음 — 점심 국&반찬 192
푸딩달걀찜 — 점심 국&반찬 194
프렌치토스트 — 아침 92

ㅎ

해물볶음밥 — 저녁 226
해물부추밥전 — 점심 152
홍시머핀 — 간식 290